超実戦！
恋愛英会話
リアル・フレーズ

水瀬 翔 & 国際恋愛クラブ

総合科学出版

INTRODUCTION

はじめに

■異性の心に深く突き刺さるフレーズが満載！

　さまざまな恋愛コンサルタント、ナンパ師などによって、いろいろな口説きのテクニックが紹介されています。これらのテクニックの大半はアメリカが源流です。たとえば、「イジる」「からかう」というテクニック。見知らぬ女性に声をかけるときに使うトリッキーなテクニックですが、アメリカのpick up artist（ナンパ師）がつくり出したものです。

　そういう私も同様、『「なんで、アイツが？」なぜかモテる男の技術』、『アラフォーでも簡単にモテる会話術のすべて』という本にて、社会心理学やマーケティングなどの学説をベースにした、さまざまな口説くテクニックを紹介していますが、これらの学説はアメリカから輸入されたものです（学説をベースに仮説を立てて、パーティーや合コンなどで効果があって再現性があるものをテクニックとして昇華させてきました）。

　ここで気がついた人もいることでしょう。口説くテクニックは少なくとも英語圏と日本語圏では共通するものが多くあるということを。

　なぜ、文化が違うのに共通するものがあるのでしょうか。それは、口説くテクニックは「女性の脳」に強く訴求するものだからです。

　これは男性も同様です。英語圏、日本語圏両方の「男性の脳」を刺激する口説くテクニックが存在しています。育った文化がちがっても、同じ人間なので、脳の仕組みは似ているのです。

　そこで本書では、異性の「心」に深く突き刺さるフレーズを紹介しています。何気ないフレーズが並んでいるように見えるかもしれませんが、「神は細部に宿る」のです。実は異性の心理を突くようなフレーズばかりなのです。

　なお、もちろん文化による差異はあるので、そこは国際恋愛クラブとともに調整していますのでご安心を。

■恋愛の神髄である「相手視点」に立ったフレーズばかり！

　はじめて異性に声をかけるときを想像してみてください。「何と言えばいいの？」「緊張する…」「もし成功（失敗）すれば…」のように考えるのではないでしょうか。これの視点を変えてみると、異性に声をかけるとき、自分のことしか考えていないということでもあります。

　恋愛は相手があってのもの。つまり、相手にあなたを受け入れるかどうか

の決定権があります。だから本来は、「今、あの人は仕事のことで頭がいっぱいじゃないよね？（＝相手が恋愛を受け入れられる心の状態にあるかどうか）」「この服装や髪形の自分が声をかければ、あの人はどのように感じるのかな？」「このような発言をすれば異性がどのように感じるのかな？」などを常に意識する必要があります。

しかし、多くの人は「自分視点」に立ったまま、声をかけようとします。「声をかける」という、たったそれだけのことでも、このような状況。ましてや、もっと緊張を強いられる局面である「はじめてのデート」のときでも自分視点に立っているのではないでしょうか。相手視点に立たないと恋愛はうまくいかないものです。

とはいえ、誰しも人の頭の中までのぞくことはできません。だから「相手視点」で仮説を立て、それが正しいのか検証していく必要があります。簡単にいえば、常に相手の視点に立てるように場数をふむ必要があるのです。

しかし、皆様はこのような、ややこしいことを考える必要もなければ、場数をふむ必要もありません。

本書では、口説きの専門家として「相手視点」で仮説を立てて検証してきたフレーズを掲載しています。つまり、本書を利用すればややこしいことを考えることなく、最小限で最大限の効果が得られるようになっています。

多くの恋愛英会話フレーズの本は「自分視点」に立ったフレーズが満載ですが、本書では「相手視点」に立ったフレーズが満載です。

■声かけから別れまでに使えるフレーズを満載！

恋愛の多くは声をかけることからはじまり、デートしてセックスして恋愛を謳歌。しかし、別れという結果があるのも事実です。

本書では、はじまりから別れまで、ひとりの異性と恋愛するときに使うであろうフレーズを余すところなく掲載しています。国際恋愛がはじまり、終わるときまで本書は役立つであろうと確信しています。

「たかが」英会話フレーズ集と思うかもしれませんが、本書はこのような考えのもとで、制作されています。

本書が皆様の国際恋愛の役に立てると幸いです。

水瀬 翔、国際恋愛クラブ

CONTENTS

はじめに

第1章　声かけフレーズ

1. 声かけに慣れる ･････････････････････････････････････ 8
2. 感じていることを代弁する声かけ ･･･････････････････ 13
3. ほめる、いじる、インパクトを与える声かけ ･･･････ 16
4. 女性からの声かけと断り方 ････････････････････････ 21

第2章　始まりの会話

1. 相手に話をさせるきっかけをつくる ････････････････ 26
2. 共感する、プライドをくすぐる ････････････････････ 32
3. 同調、相手にあわせる ････････････････････････････ 35
4. 共通点から話を広げる ････････････････････････････ 37
5. 軽い恋話をする ･･････････････････････････････････ 41
6. 自分の意見、考えを伝える ････････････････････････ 45
7. さりげなくほめる、相手に話をふる ････････････････ 47
8. さりげなく好意を伝える ･･････････････････････････ 49
9. つぎにつなげる ･･････････････････････････････････ 52

第3章　オンラインの出会い

1. プロフィール、自己紹介 ･･････････････････････････ 56
2. メッセージと断り方 ･･････････････････････････････ 60
3. ネットでの誘い出し ･･････････････････････････････ 64

第4章　デートする

1. 待ち合わせ ･･････････････････････････････････････ 68

2	お店で	72
3	少し深い話	75
4	少し仲良くなったときのほめ方	77
5	突っ込んだ「恋話」をする	80
6	将来のイメージを植え付ける	82
7	脈ありを示す	84
8	お店を変える	87
9	お会計からお店を出るまで	91

第5章　口説く

1	パーソナルスペースを詰める（距離を詰める会話１）	94
2	悩み、コンプレックスを聞く（距離を詰める会話２）	96
3	リフレーミング	98
4	エッチな恋話	100
5	エッチにほめる	102
6	口説き文句	104
7	最後の一押しと断り	108
8	セックスの断り方と追撃	113

第6章　エッチ

1	エッチするまで	116
2	イチャイチャするとき	120
3	言葉で感じさせる	124
4	前戯から本番	130
5	本番中に	133
6	行為のあと	139
7	快楽を貪欲に求める	141
8	セックスに対する不満	145

第7章　付き合うようになったあと

1. 予定を聞く、デートの提案 …………………………………… 150
2. デートで …………………………………………………………… 153
3. ラブラブな時期に ………………………………………………… 155
4. 倦怠期に …………………………………………………………… 159
5. 浮気 ………………………………………………………………… 162

第8章　別れ

1. 別れたいとき ……………………………………………………… 166
2. 引き止めたいとき ………………………………………………… 170

第9章　同棲、結婚

1. 同棲するとき ……………………………………………………… 176
2. 重大な告白 ………………………………………………………… 178
3. プロポーズの言葉 ………………………………………………… 181

第  章
声かけフレーズ

出会いのきっかけをつくる

　第一印象は軽視されがちですが、実はかなり重要で、後々まで響きます（心理学で初頭効果といいます）。

　髪形、服装、表情はもちろん、「第一声」にも注意を払いたいものです。

　そこで、ここでは「声かけ」のパターンを紹介します。

♥声かけに慣れる

♥感じていることを代弁する声かけ

♥ほめる、いじる、インパクトを与える声かけ

♥女性からの声かけと断り方

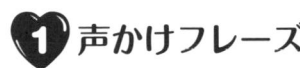 声かけフレーズ

声かけに慣れる

声をかけようとしても、はじめのうちは躊躇したり、緊張したりしてうまくいかないものです。まずは声かけに慣れましょう。ただ、それだけではつまらないのでチャンスがあれば話しかけるといいでしょう。

声かけ

すみません。いま何時ですか？

イクスキューズ　ミィ　ドゥ　ユゥ　ハヴ　ザ　タイム？
Excuse me, do you have the time?

親切にありがとう。

センキュゥ　イッツ　ヴェリィ　カインダヴユゥ
Thank you. It's very kind of you.

時計を忘れてしまって困っていたんです。

アイ　ハド　トラブル　ノゥインザタイム　ビコーズ
I had trouble knowing the time because
アイ　レフト　マイ　ワッチ　エッ　ホーム
I left my watch at home.

時差を修正するのを忘れてしまって困っていたんです。

アイ　クッ　ハードリィ　ノゥ　ジ　イグゼッ　タイム　アズ　アイ
I could hardly know the exact time as I
フォガッ　トゥ　アジャスッザタイム　ディファレンス
forgot to adjust the time difference.

助かりました。

It was a great help.

△△駅にはどうやって行けばいいのですか？

How can I get to △△ Station?

見知らぬ土地で困っていたんです。

I'm confused in this unfamiliar place.

それにしても、いい天気ですね。

It's really a nice day, isn't it?

明日は晴れだそうですよ。

It will be sunny tomorrow.

曇った日は憂鬱になるんですよね。

I feel depressed in a cloudy day.

長々と話してしまって、すみません。良い一日を！

_{アイム ソーリィ フォー トーキン トゥーローン ハヴァ}
I'm sorry for talking too long. Have a
_{グレイッ デイ！}
great day!

すみません。この電車はどこ行きですか？

_{イクスキューズ ミィ ウェア イズ ディス トレイン バウンド フォー？}
Excuse me, where is this train bound for?

この電車、途中、△△駅で止まりますか？

_{イズ ディス トレイン ゴーイン トゥ スタップ アッ △△ステーション？}
Is this train going to stop at △△ Station?

△△駅には有名な海岸がありますか？

_{イズ ゼア エニ フェイマス ビーチ ニア △△ステーション？}
Is there any famous beach near △△ Station?

そこには簡単に行けますか？

_{イズイッ イージー トゥゲッ ゼア？}
Is it easy to get there?

かわいい犬ですね。名前は？

_{ウァラ キューッ パピー！ ワッツ ザ ネーム？}
What a cute puppy! What's the name?

いい名前ですね。

It's a nice name.

ワンちゃんから気品を感じます。よく言われません？

I see the elegance in your puppy.
Have you been told so often?

そのドリンク、美味しそうですね。何ですか？

This drink looks delicious. What is it?

ドリンクはどこに取りに行けばいいのですか？

Where can I get drinks?

この街のこと、よく知らなくて。

I don't know much about this town.

どこかいいレストランはありませんか？

Do you know a good restaurant?

この辺りに美味しい店はありませんか？

Is there any good restaurant around here?

一人旅しているのですが、どうせなら美味しい店に行きたくて。

I'm traveling alone and wanna go to a good restaurant if there is any.

これから一緒にどうですか？　ごちそうしますから。

Will you join me? I will treat you.

お礼に今晩食事をごちそうしますが、どうですか？

In return for your help, I like to invite you to dinner. Is it all right with you?

今晩一人でさびしいので飲みに行きません？

As I'm alone and lonely tonight, why don't we go get some drink together?

待ち合わせですか？

Are you waiting for someone?

❷ 声かけフレーズ

感じていることを代弁する声かけ

たとえば「店内が寒い」は、あなただけではなくその場にいる人たちもそう感じているものです。それを利用して声をかけましょう。具体的には目に見えること、感じることを、つぶやいて声をかけます。このようにすることで親近感を覚えさせる伏線になります。

親近感を覚えさせる声かけ

（店で）ここ寒いですね。／ 暑くないですか？

イッツ　コールド　ヒア　　　　イッツ　ハッ　　イズニッ？
It's cold here. / It's hot, isn't it?

（店で）料理少なくて、お腹、減ったな。

ザ　　ボリューム　　オブ　フード　アイ　ハド　ワズナッ　　イナフ
The volume of food I had was not enough.
アイム　スターヴィン
I'm starving.

（店で）ここの料理、美味しいですよね。

アイ　スィンク　ザ　　フード　イズグッ　　　イズニッ？
I think the food is good, isn't it?

（店で）この店の雰囲気好きだな。

アイ　ラブ　ジ　エッモスフィア　　オブ　ディス　レストラン
I love the atmosphere of this restaurant.

13

（店で）この店、オシャレですよね。

ディス　　　レストラン　　　　　　イズ　クール
This restaurant is cool.

（パーティ会場にて）ものすごい人数ですよね。

ワーウ！　　ヒュージ　　クラウズ！
Wow! Huge crowds!

（パーティ会場にて）人が多いの、苦手なんですよね。

アイ　ドン　　ライク　トゥ　ビィ　ウィズ　メニ　ピーポー
I don't like to be with many people.

（パーティ会場にて）こういうところに来ると緊張して。

アイ　ゲッ　ナーバス　　ウェン　　アイ　カムトゥ　　アプレイス　ライク　ディス
I get nervous when I come to a place like this.

（パーティ会場にて）この音楽いいな。

アイ　ラヴ　　ディス　　ミュージック
I love this music.

（外で）最近、寒くなってきましたね。

イッツ　　ゲリン　　コールド　ディーズ　デイズ
It's getting cold these days.

（外で）信号、長いですよね。

ウィアー　ウェイリン　ヴェリィ　ローン　アッ ディス　トラフィック　ライッ
We're waiting very long at this traffic light.

（海外旅行で）ナイアガラの滝はやはりすごいな。

ザ　ナイアグラ　フォールズ　アー　リィェリィ　アメィジン
The Niagara Falls are really amazing.

（海外旅行で）すばらしい景観ですね！

ウァラ　グレイッ　ヴュー！
What a great view!

③ 声かけフレーズ
ほめる、いじる、インパクトを与える声かけ

特に女性を口説くとき、「ほめる」ことは大きな武器となります。ここでは第一声からほめるフレーズを紹介します。また、ナンパ師(pick up artist)のテクニックのうち、「いじる」「インパクトを与える」の2つもあわせて紹介します。

ほめる、いじる、インパクトを与える声かけ

ファッションモデルしてるの？

Are you a fashion model?

スタイルがいいから、モデルと思ってしまったよ。

You've got the figure. I thought you were a model.

よくモデルって言われない？

Aren't you often called a fashion model?

あなたが気がついていないだけで、スタイルいいと思うよ。

I think your body is really nice, though you yourself may not notice it.

女優の△△さん？（俳優の△△さん？）

Are your actress △△ ?（actor △△ ?）

よく△△と間違われない？

Aren't you often mistaken for △△ ?

本当に間違われないの？

Are you sure you really aren't mistaken for △△?

信じられないな。

I can't believe it.

△△に似てるって言われない？

Have you been told you look like △△ ?

似てると思うんだけどなぁ。

I think you look like △△ ?

（服の色を見て）赤色、似合っているねー。

You look great in red.

情熱的に見えるよ。

You look so passionate.

ものすごく魅力的だね。思わず引き寄せられてしまったよ。

You are so charming. I could not resist being drawn to you.

こんなにきれいな女性がこの世にいるなんて……。

It's unbelievable so beautiful woman like you exists in this world.

世界一綺麗だと思いました。

You are the most beautiful women I've ever seen.

世界で5番目に綺麗だと思いました。

I think you are the fifth most beautiful woman in the world.

世界一位、二位の美人がいたので、声をかけさせていただきました。

I spoke to you as I found the most and second most beautiful women in the world.

こんな綺麗な人が２人もいるなんて奇跡。類は友を呼ぶんですね。

It's miracle to see as many as two very beautiful women get together. Like draws to like, doesn't it?

なに飲んでいるの？　ミルク？

What are you drinking? Milk?

一目惚れしました……その服に。

I instantly fell in love with ... your cloth!

それと似た服を、うちのお婆さんが着ていたよ。似合っているね。

My grandmother used to wear a similar one. You look nice in the outfit.

その髪形、ホウキみたい。

You've got a broom-like hairstyle.

19

赤色が似合うのはキミとトマトくらいだね。

オンリィ　ユゥ　エン　トメィトゥズ　ルック　ナイス　イン　レッド
Only you and tomatoes look nice in red.

可愛いね。キミレベルの女の子はたくさんいるけど。

ユァ　キューッ　ドゥゾゥ　ゼアラ　アラッオブ
You're cute, though there are a lot of
ガールズ　アズ　キューッ　アズ　ユゥ　アウッ　ゼア
girls as cute as you out there.

これからクイニーアマンを食べに行かない？

レッゴゥ　トゥ　イーッ　クイナマン
Let's go to eat kouign-amann.

これから一緒に旅しない？

ウァイ　ドンチュ　トラベル　ウィズミィ？
Why don't you travel with me?

ルート３っていくつだっけ？

ウァッ　イズ　ルーッ　トゥリー？
What is root 3?

④ 声かけフレーズ

女性からの声かけと断り方

女性から男性に声をかけるときは、深く考えずに勇気を出して話しかけるだけで大丈夫です。男性があなたに興味があれば自ずと会話は盛り上がるでしょう。また、女性は声をかけられることが多いため、断り方もあわせて紹介します。

女性からの声かけ

こんにちは。一人ですか？

ハーイ　ドゥ　ユゥ　ハヴ　ヨァ　カンパニー？
Hi, do you have your company?

この席、空いてますか？

イズ　ディス　シーッ　テイクン？
Is this seat taken?

この席いいですか？

メイ　アイ？
May I?

ご一緒してもいいですか？

メイ　アイ　ジョイニュゥ？
May I join you?

一緒に飲みません？

How about having a drink together?

女性からの断り

いま忙しいんで。

I'm tied up.

待ち合わせしているので、ごめんなさい。

Sorry, I'm waiting here.

ほっといて！

Leave me alone!

このあと、用事があって。

I have things to do after this.

行かなくちゃ。

Gotta go.

せっかく声をかけていただいたのに、ごめんなさい。／遠慮します。

It's nice of you to speak to me. But, sorry. / No thanks.

結婚しているの。

I'm married.

彼氏がいるの。

I have a steady boyfriend.

ごめんね、バイバイ！

Sorry, bye!

私じゃなくても、他にもいい女性はいっぱいいるよ。

There are a lot of other nice girls out there.

遊び人でしょ？　遊び人は嫌いなの。

You are a playboy, aren't you? I don't like a playboy.

強い断り方

好みじゃないの。

Definitely you are not my type.

あっちへ行け！

Get lost!

♥ 覚えていていい言葉だが、相手によっては殺されるかも。要注意

第 2 章

始まりの会話

相手に話させる会話

うまく声をかけられれば会話が始まります。
　会話の際は、相手に話をさせることが大切ですが、聞いているだけだと「聞いていない」と思われるため、相槌をうったり、自分からも話す必要があります。
　ここでは、会話で役立つフレーズを紹介します。

- ♥相手に話をさせるきっかけづくりのフレーズ
- ♥共感する、プライドをくすぐる
- ♥共通点から話を広げる
- ♥軽い恋話をする
- ♥自分の意見、考えを伝える
- ♥さりげなくほめる、相手に話をふる
- ♥さりげなく好意を伝える
- ♥つぎにつなげる

 始まりの会話

相手に話をさせるきっかけをつくる

うまく声かけできれば会話が始まります。いきなり話せないものなので、ここでは相手に話をさせるきっかけづくりに役立つフレーズを紹介します。いくつかを口にしても会話が始まらなければ、あなたに興味がない可能性があるので別の異性にいくほうが効率的です。

相手に話をさせるきっかけづくりのフレーズ

名前は何というの？

メイ　アイ　ハヴ　　ヨァ　　ネイム？
May I have your name?

どの辺に住んでいるの？

ウェア　　ドゥ　ユゥ　　リーヴ？
Where do you live?

そこって、ボンダイビーチがありませんか？

イズ　ボンダイビーチ　　ゼア？
Is Bondi Beach there?

どういう街なの？

ウァッ　イズ　ヨァ　　タウン　ライク？
What is your town like?

どういうキッカケで来たのですか？

How come you are here?

ここにはよく来るの？

Do you come here often?

私ははじめて。だからよくわからなくて。

It's first time for me. So, I'm confused.

にぎやかな場所ですよね。

It's a busy place, isn't it?

こういうところはちょっと苦手かな。

I'm a little bit uncomfortable with a place like this.

どこ出身ですか？

Where are you from?

私は日本の東京っていうところ。

アイム　フラム　トウキョウ　ジャパン
I'm from Tokyo, Japan.

どのようなお仕事をされているのですか？

ウァッ　ドゥユゥドゥ？
What do you do?

私は事務職をしているの。

アイ　ドゥ　オフィスワーク
I do office work.

仕事は楽しいですか？

ドゥ　ユゥ　エンジョイ　ワーキン？
Do you enjoy working?

前に会ったことありません？

ディダイ　ミィーチュゥ　ビフォア？
Did I meet you before?

ごめんなさい。雰囲気が似ていたので間違えてしまいました。

ソーリィ　アイ　ワズ　ミステイクン　ビコーズ　ユゥ
Sorry, I was mistaken, because you
ルッライク　サムワン　アイ　メッ　ビフォア
looked like someone I met before.

その人、とても楽しい方だったの。

I had good times with him.

旅行ですか？　何日くらい滞在しているのですか？

Are you a tourist? How long have you been here?

どの観光地に行けばいいのかわからなくて。何か良い情報あります？

I have no idea where I should go to see.
Do you have any suggestion?

そこは、どういう観光地ですか？

What's the place like?

それ、ワイン？　ワインが好きなの？

Is it wine? Do you like wine?

綺麗なネックレスしてるね。どこで買ったの？

You wear a beautiful necklace. Where did you buy it?

星座は？

What star sign are you?

血液型は？

What is your blood type?

趣味は？

What are you interested in?

兄弟（姉妹）いるの？

Do you have a brother or a sister?

末っ子だよね？

You are the youngest child, aren't you?

（答えるのを）ちょっと待って。当ててみせる。

Wait a second. Let me guess.

賭けない？　当たれば今晩、話し相手になってよ。外れればお酒をおごる。

ドゥ　ユゥ　ワナ　メイク　ア ベッ?　イフアイ ウィン　ユゥ
Do you wanna make a bet? If I win, you
シューッ　キープ　ミィ　カンパニー　トゥナイ　イフアイ
should keep me company tonight. If I
ルーズ　アイ ウィゥ　バイ　ユゥ　ア ドリンク
lose, I will buy you a drink.

自己紹介させて。／あなたは？

レッミィ　イントロデュス　マイセルフ　／　ハウ　アバウチュゥ?
Let me introduce myself. ／ How about you?

♥ほかの職業なら‥‥
- an administer assistant　事務職（ＯＬ）
- a bank clerk　銀行員
- a salesperson　販売員
- a securities salesman　証券会社の営業
- a secretary　秘書
- a president　社長
- a nurse　看護士
- a dental assistant　歯科助手
- a doctor　医者
- a nail artist　ネイリスト
- a hair stylist　美容師
- a teacher　教師
- an editor　編集
- a journalist　ジャーナリスト
- a freelance writer　フリーライター
- a photographer　フォトグラファー
- an illustrator　イラストレーター
- a musician　ミュージシャン
- an actor　俳優

② 始まりの会話
共感する、プライドをくすぐる

恋愛の主導権は多くの場合、あなたではなく相手にあるため、相手にあわせる必要があります。だから、女性を相手にしているときは「共感する」「感情の言葉を言う」、男性を相手にしているときは「プライドをくすぐる」と覚えておくといいでしょう。

（男性から）共感する、プライドをくすぐるフレーズ

わかる、わかる。そういうことあるよね。

アイノウ　　　アイノウ　　　　イッ　ハプンズ
I know, I know. It happens.

それは腹立たしい。よく我慢できたね。

ザッ　　シュッ　　ハヴ　　メイジュウ　　ユウ　メーッ　イッツ
That should have made you mad. It's
アンビリバボー　　　　　ユゥ　ワー　ソー　ペイシェント
unbelievable you were so patient.

そうなんだ。それは辛かったね……。

ディジュウ　　　　プリティ　　タフ　　　エイ？
Did you. Pretty tough, eh?

面白い！　笑いのセンスあるよ。

イッツ　ファニー！　ユゥヴ　ガラ　センスオブ　ヒューモァ
It's funny! You've got a sense of humor.

その気持ち、痛いほどによくわかる……。

I really know how you feel.

そんな事が……。僕ならきっと怒っていたよ。心が広いんだね。

How could that be? If I were you, I should get upset. You are broad-minded.

すごく同意できる！ △△もそうだった。

I completely agree! △△ was too.

そういう人いるよね。気持ち、わかる！

There really are people like that. I know how you feel!

（女性から）共感する、プライドをくすぐるフレーズ

スゴイですね！

It's amazing!

そんなふうに考えたことなかった！
アイヴ ネヴァ ソーッ ザッ ウェイ！
I've never thought that way!

知らなかった！ びっくり！
アイ ディドゥン ノゥ ザッ！ イッツ サプライジン！
I didn't know that! It's surprising!

へぇー △△さんて、博識なんですね。
ジーザス △△ ノゥズアラッ
Jesus, △△ knows a lot.

なるほど。納得させられるわー。
フームッ イッツ コンヴィンシン
Hmmm, it's convincing.

そうやって理路整然と話されると頭がいいって思っちゃう。
ヨァ ロジカル ウェイ オブ トーキン メイクスミィ
Your logical way of talking makes me
スィンク ユーアー スマート
think you're smart.

△△さんって、機転がきくんですね。
△△ イズ リィェリィ サビー
△△ is really savvy.

 **始まりの会話**

同調、相手にあわせる

親近感がない人とは二人きりで食事に行かないですし、ましてや体を許すこともありません。親近感を持ってもらうことが最初の関門です。同調したり、相手の行動にあわせたりすることで、親しみを覚えさせましょう。

同調する、相手にあわせるフレーズ

私も！

ミィ　トゥー！
Me, too!

そうそう、私も！

イェ　　イェ　　ミィ　　トゥー！
Yeah, Yeah. Me, too!

その意見に賛成！

アイ　アグリィ！
I agree!

そう思う！

アイ　スィンク　ソー！
I think so!

絶対にそうだよ！

A firm yes!

それしかないよね。

There is no alternative.

私もそういうふうに思うことはよくある。

I often think so.

それ美味しそう。同じ飲み物にしようっと。

The drink looks good. I would like the same one.

私もビール飲もうかな。

I'm gonna have beer, too.

❤4 始まりの会話
共通点から話を広げる

共通点があれば親しみを覚えるものです。相手の会話から共通点を見つけて話を広げましょう。ちなみに、共通点を見つけるコツは、相手が「猫好き」で自分が「犬好き」なら、「お互い動物が好きなんだね」と「カテゴリ」をひとつ大きくして共通点に仕立てることです。

共通点を見つけられるフレーズ

パリに旅行に行ったことがあるんです。

アイヴ　ビーン　トゥ　パリス
I've been to Paris.

私も何回か行ったことがある。

アイヴ　オルソー　ビーン　ゼア　セヴラル　タイムズ
I've also been there several times.

パリといえば凱旋門だよね。行った？

アイ　キャント　スィンク　オフ　パリス　ウィズアウッ　スィンキン　オブ　ジ　アークドゥ　トリオーンフ　ハヴ　ユゥ　エヴァ　ビーン　ゼア？
I can't think of Paris without thinking of the Arc de Triomphe. Have you ever been there?

△△（ミュージシャン）が好きなんだね。

ユゥ　ライク　△△　ドンチュゥ？
You like △△, don't you?

私も△△の曲をよく聴くよ。

アイ　オフン　　リスントゥ　　　　　△△ズ　　　ミュージッ
I often listen to △△ 's music.

同じ系統で△△（ミュージシャン）もいいよ。

イン　ザ　　セイム　　カテゴリィ　　　△△　イズ　グッ　　アズウェル
In the same category, △△ is good as well.

その映画、観たことがあるかも。

アイ　メイ　　ハヴ　　ワッチド　　　　ザ　　ムーヴィー
I may have watched the movie.

どんな内容か詳しく聞かせて。

テルミィ　　　アバウッ　　イッイン　　ディテイル
Tell me about it in detail.

やっぱり観たことがあった。面白いよね。

ナウ　　アイ　リメンバー　　　ワッチニッ　　　　　イッ　ワズ　　グッ
Now I remember watching it. It was good.

ドライブが趣味なんです。

アイ　ライク　　テイキン　　　ア　ドライヴ
I like taking a drive.

38

私もドライブ好き。どこに行くの？

I like, too. Where do you go?

猫、好きなんだ。

I love cats.

私も好き。肉球を触ると癒されるよね。

I love, too. I feel smoothed when I touch paw pads.

タイ料理が苦手なんだね。

You aren't very keen on Thai food.

私もパクチーの臭いが苦手。

I, too, don't like the smell of coriander.

同じ事務職なんですね。

You, too, are an office worker.

腰が痛くなりません？

Don't you have a backache?
(ドンチュゥ ハヴァ バッケイク?)

お兄さんは悪気がないのかもしれないけど酷いよね。私の兄も横暴。

Your older brother may not mean any harm but seems awful. My brother is high-handed as well.
(ヨァ オールダ ブラザー メイ ナッ ミーン エニィ ハーム バッ シームス オゥフル マイ ブラザー イズ ハイヘンディド アズ ウェル)

その△△、私も持っているかも。

Maybe I have △△ , too.
(メイビィ アイ ハヴ △△ トゥー)

❤5 始まりの会話
軽い恋話(こいばな)をする

何気ない会話ばかりしていると友達候補になってしまいます。異性と意識させるために恋話をしましょう。ただ初対面なので軽い話にとどめること。ちなみに軽い話もしたがらない場合は、親近感を持たせる話題、共通点のある話題にして心の距離を縮めます。

軽い恋話

彼氏（彼女）いるの？

ドゥ ユゥ ハヴァ ステディ ボーイフレン（ガールフレン）？
Do you have a steady boyfriend(girlfriend)?

独身？

アー ユゥ シングル？
Are you single?

どういう人がタイプ？

ウァッ イズ ヨァ タイプ？
What is your type?

理想のタイプは？

ウァッ イズ ヨァ アイディアル タイプ？
What is your ideal type?

俳優（女優）でたとえると、どういう男性（女性）がいい？

What type of actor(actress) do you like?

いままでどういうタイプの男性（女性）と付き合ってきた？

What type of man(woman) you've gone out with so far?

結局、理想とは全然違う人と付き合うっていうけど、あなたはどう？

In the end, I have associated with someone who are not my type at all. How about you?

いままで、まさに理想通りの人と付き合ったことある？

Have you ever seen an ideal person?

恋愛と結婚の相手は違うもの？

Is a love affair different from marriage?

付き合ったら、尽くすタイプ？　それとも尽くされたいタイプ？

Are you the one who will serve for your man or the one who want to be served?

彼氏（彼女）の浮気は許せる？

キャニュゥ　　　　フォーギヴ　　　　チーティン　　　　バイ　ヨァ　　　ラヴァ？
Can you forgive cheating by your lover?

忘れられない人っている？

ドゥ　ユゥ　　ハヴ　　　サムワン　　　　　　アンフォゲタボー？
Do you have someone unforgettable?

片思いしたときある？

ハヴ　　ユゥ　　エヴァ　　ラヴド　　サムワン　　　ワンサイデドリィ？
Have you ever loved someone one-sidedly?

結婚願望ある？

ドゥ　ユゥ　　ハヴ　ザ　　ディザイア　フォー　メリッジ？
Do you have the desire for marriage?

結婚願望がないのは、縛られたくないから？

アー　ユゥ　セイン　　ユゥ　ドン　　ウォントゥ　ゲッ　メリィード
Are you saying you don't want to get married
ビコーズ　　ユゥ　ドン　ワナビィ　　　タイド　ダウン？
because you don't wanna be tied down?

どんな結婚生活を求めているの？

ワッツ　　　ヨァ　　アイディアル メリッジ　　ライフ？
What's your ideal marriage life?

美容院はよく変える？

Do you go to different beauty shops?

よく美容院を変える人は浮気性だって。

Those who change hair salons often are said to be flirtatious.

美容院を変えない人は一途だって。

Those who don't change hair salons are said to stick to one person.

Do you use Facebook?

❻ 始まりの会話

自分の意見、考えを伝える

日本人を相手にする場合、ひたすら「うん、うん」言っていれば会話は成立するものですが、外国人を相手にする場合は、ある程度、話しましょう。そのためには、まずは趣味に対する考えなど、伝えやすいものから話をするといいでしょう。

趣味などに触れるフレーズ

週末にはよく釣りに行くんだ。

I go fishing frequently on weekends.

釣りをしていると無心になれるからいいね。

I like fishing because I can be empty-minded.

大漁だったら、新鮮な魚をたくさん食べられるしね。

I like fishing also because I can eat a lot of fresh fish if I have a good catch.

海外旅行が好きで、年に2回は行くよ。

I like traveling abroad. I make a trip at least twice a year.

異文化に触れられるのが楽しいんだ。

I enjoy contacting with different cultures.

仕事がひと段落すると、夜のドライブによく行くんだ。

After I get a job done, I go for a ride at night very often.

気分転換すると、つぎの仕事がはかどるからね。

A refreshing change helps me to get more work done.

ルームシェアしているんだ。

I'm sharing a room.

いろいろな人と話すと、国際感覚が養われるからね。

That's because I can acquire a cosmopolitan way of thinking by talking with people from various parts of the world.

7 始まりの会話

さりげなくほめる、相手に話をふる

会話しているときに、さりげなくほめるといいでしょう。また、ひたすら話すのではなく相手に話をさせるようにしましょう。そこで、ほめるフレーズと、相手に話をさせるフレーズを紹介します。

ほめる＆相手に話をさせるフレーズ

それ素敵だね！　どこで買ったの？

イッツ　クゥォ！　　ウェア　　　ディジュゥ　　　ゲッ?

It's cool! Where did you get?

笑顔、いいね。

ヨァ　　スマイル　　イズ　　ナイス

Your smile is nice.

髪、いい感じだね。

アイ　ライク　ヨァ　　ヘアスタイル

I like your hairstyle.

目力があるね。

ヨァ　　アイズ　　ハヴ　　パワー

Your eyes have power.

47

話しやすいね。そう言われない？

You are easy to speak to. Are you said so?

それで？

So, what?

どう思う？

Do you have any idea?

あなたは、どう？

How about you?

△△という映画を観たんだけど、面白かったな。最近、映画観た？

I enjoyed a movie titled △△. Have you seen a movie lately?

いままで最高に面白かった映画って何？

What's the best movie you have ever seen?

❤8 始まりの会話
さりげなく好意を伝える

好意を伝えないと何もはじまりません。ただ、初対面なので「さりげなく」好意を伝えるといいでしょう。さりげなく好意を伝えた直後の相手の表情やしぐさなどをよく観察したり、その後の相手の言動で、あなたに脈ありかどうかわかることがあります。

さりげなく好意を伝えるフレーズ

こんなに楽しいのは久しぶりだな。

アイ ハヴント ハヴ ファン ライク ディス リースントゥリィ
I haven't have fun like this recently.

今日は何か楽しいな。

サムァット アイ フィール グレイッ トゥデイ
Somewhat I feel great today.

楽しいと食も進むね。

ア ハピィ フィーリン ウェイクス アップ アペタイト
A happy feeling wakes up appetite,
ドンチュゥ スィンク?
don't you think?

もう△△時か。楽しい時間はあっという間に過ぎるね。

イッツ △△ オーレディ タイム フライズ ウァイル ハヴィン ファン
It's △△ already. Time flies while having fun.

あなたみたいな人は周りにはいないな。

アイ ドン シー ピーポー ライキュゥ アラウンド
I don't see people like you around.

あなたといるとリラックスできる。

アイ フィール リラックスド ウェン アイム ウィズユゥ
I feel relaxed when I'm with you.

笑顔、可愛いね。

ヨァ スマイル イズ キュート
Your smile is cute.

笑顔が素敵な人っていいよね。

アイ ライク キュート スマイルズ
I like cute smiles.

私たち意気投合したんじゃない？

ウィヴ クリックト オーレディ ハヴント ウィ？
We've clicked already, haven't we?

モテるんじゃない？

ユゥ マストビィ パピュラー ウィズ ウィメン
You must be popular with women.

私が男性（女性）なら、ほおっておかないよ。
If I were a man (woman), I'd never leave you alone.

一緒に遊びに行ったら楽しいだろうな。
I think it's fun to go hang out with you.

あなたみたいな人が彼氏（彼女）なら毎日楽しいだろうな。
I think I'll be happy every day if you are my steady boyfriend (girlfriend).

楽しかった。もっと話したい。
We had a good time. I wanna chat with you more.

また会いたいな。
I wanna see you again.

もうこんな時間！　あなたのことをもっと知りたいな。
Look at the time!　I wanna know you more, though.

9 始まりの会話
つぎにつなげる

つぎにつなげるには連絡の手段をつくる必要があります。そこで、連絡先を聞くときに役立つフレーズと、誘いを断るフレーズをあわせて紹介します。なお、Facebook だと気軽に申請できます。

つぎにつなげる＆誘いを断るフレーズ

Facebookしてる？

ドゥ　ユウ　ユーズ　フェイスブック？
Do you use Facebook?

Facebookで、友達にならない？

ハウ　アバウッ　ビィカミン　フレンズ　オン　フェイスブック？
How about becoming friends on Facebook?

Facebookしていないんだ。

アイ ドン　ユーズ　フェイスブック
I don't use Facebook.

Facebookは、彼氏（彼女）とつながっているから、ごめん。

ソーリィ　マイ　フェイスブック　イズ　ユーズド　バイ　マイ　ボーイフレン　（ガールフレン）
Sorry, my Facebook is used by my boyfriend (girlfriend).

Facebookは、同僚や上司も見ているから、ごめん。

Sorry, my boss and colleagues see posts on my Facebook .

メールアドレスを教えてくれない？

Will you give me your e-mail address?

メールアドレスを教えるから、メールしてきてよ。

I'll give you my e-mail address, so send a message to me.

携帯番号を言うから、ショートメールを送ってきて。

Send a short message to my cell phone number I will tell you now.

スマホで、このQRコードを読めばいいよ。

You'd better scan the QR code with your smartphone.

携帯番号を教えてくれない？

Will you give me your cell phone number?

電話が苦手で、ほとんど電話しないんだ。

As I don't like to speak over the phone, I hardly make a call.

携帯番号を交換しない？

Why don't we exchange cell phone numbers?

携帯番号を言うから、いま、電話をかけてきて。

Call me right after receiving my cell phone number.

ほら、私の携帯。あなたの携帯に電話をかけて。

Here is my cell phone. Make a call from this to yours.

スマホを忘れてきちゃった。

I forgot to bring my smartphone with me.

もし良ければ名刺に書いてあるメアドに連絡してきて。

Send e-mail to the address on my name card, if you like.

第3章
オンラインの出会い

ネットで出会い、ネットで誘い

　海外でもオンラインでの出会いは、あまりいいイメージはありませんが、オンラインでの恋愛もさかんです。

　また、リアルで出会いがあったのにそのままでは後悔しかねません。そんなときこそオンラインでプッシュして誘い出しましょう。

♥プロフィール、自己紹介
♥メッセージと断り方
♥ネットでの誘い出し

❤ 1 オンラインの出会い
プロフィール、自己紹介

プロフィールで連絡が来るかどうか、また、付き合うことに発展するかどうかに大きく影響します。実際に会わないことには何もはじまらないので、プロフィールには極力マイナス点は書かないようにしましょう。いい仲になってから伝えても遅くはありません。

プロフィールを伝えるときに使えるフレーズ

△△歳、独身です。

アイム　△△　　シングル
I'm △△ , single.

周りから優しいとよく言われます。

アイヴ　ビーン　オフン　トールド　アイム　フレンドリィ
I've been often told I'm friendly.

俳優（女優）でたとえると、△△に似ていると言われます。

アイヴ　ビーン　トールド　アイ　リゼンボル　　エクター（エクトレス）△△
I've been told I resemble actor (actress) △△.

背の高さは△△、体重は△△くらいです。

アイム　△△　トール　エン　ウェイ　サム　△△
I'm △△ tall and weigh some △△ .

少しぽっちゃりしています。

I'm a little on the chubby side.

痩せ型です。

I'm skinny.

中肉中背です。

I'm medium-built.

スタイルはいいとよく言われます。

Many people have told me that I have a good figure.

出身は△△で、いまは△△に住んでいます。

I'm from △△, and now I live in △△.

もうすぐ△△(イベント)。一緒に遊びに行ける人を探しています。

△△ is coming soon. I'm looking for someone who will go with me.

一緒に△△（イベント）を過ごしてくれる人を募集しています。

I'm looking for someone who will be with me at △△ .

お互いに尊重しあえるような人を探しています。

I'm trying to find a person with whom I can develop relationship of mutual respect.

本気で彼氏（彼女）を探しています。

I want a steady boyfriend (girlfriend). I'm serious.

同じような趣味や考えの人からの連絡をお待ちしています。

I'm waiting for a call from someone I can share similar interests and thoughts with.

ワインが好きな方からのメールをお待ちしています。

I'm waiting for e-mail from a wine lover.

気軽にメールしてください。

Feel free to send me e-mail.

メールお待ちしてます。

Send me e-mail.

まずはメールで仲良くなりたいです。

I wanna begin with e-mail.

メールで意気投合すればお会いしたいと思います。

I will meet you if we get along smoothly through e-mail.

メールをいただければ、必ず返事します。

If you send me e-mail, I will surely make a reply.

❷ オンラインの出会い
メッセージと断り方

連絡が来れば、メッセージのやり取りをします。日常会話と同じようにメッセージするといいでしょう。ただ、あくまで誘うのが目的なので、たとえば「タイ料理は好きですか？」のような伏線をはって誘いやすいようにしておくことが大切です。また、断り方も紹介しています。

メッセージのやり取り

はじめまして。プロフィールを見ました。

ハーイ　アイ　ソー　ヨァ　　　プロファイル
Hi, I saw your profile.

△△が趣味なのですね。私も△△が趣味です。面白いですよね。

ユゥ　エンジョイ　△△　アザ　ハビィ　ミィ　トゥー　イッツ
You enjoy △△ as a hobby. Me, too. It's
ファン　イズンニッ？
fun, isn't it?

△△という仕事なんですね。同業者です。

ユゥ　アー　△△　　アイム　ヨァ　ピア
You are △△. I'm your peer.

△△出身なんですね。旅行で行ったことがあります。

ユゥ　アー　フラム　△△　　アイ　ハヴ　ヴィジテッ　ゼア
You are from △△. I have visited there
オンマイトリップ
on my trip.

今日は何か楽しいことがありました？

Did you have fun today?

私は仕事が一区切りついて、久しぶりに飲みに行きました。

After finishing my work, I went out for a drink.
It's been a long time since I last went get a drink.

いつもの日常に刺激はどうですか？　会いません？

Don't you want to do something exciting?
Why don't we meet each other?

今週末は仕事が早く終わるので、飲みに行きませんか？

Why don't we have a drink on the weekend,
as I can get my job done early.

ワインは好きですか？　美味しいワインを飲める店を教えてもらいました。どうですか？

Do you like wine? I got information
about a place where we can have good
wine. How does that sound?

△△にあるレストランに行ったのですが、ワインが絶品でした。

I went to a restaurant in △△. It's wine was great.

プロフィールに△△が好きとありましたよね。一緒にどうですか。

Your profile says you like to do △△. How about doing it together?

メール、読みました。

I read your e-mail.

お返事が遅れてごめんなさい。

I'm sorry for this late reply.

断り方

まだあまり知らないので、会うのには抵抗を感じます。

As I have yet to know you well, I think it's too early to meet you.

62

もう少しメッセージでやりとりしませんか？

Why don't we continue exchanging messages for a while?

縁がなかったようで残念です。

I'm sorry that we are not destined to get along.

いい人と出会えるといいですね！

I hope you will meet a good person.

せっかくのお誘いですが、あいにくその日は先約があります。本当にごめんなさい。

I'm afraid I can't accept your kind invitation because I already have an appointment that day. I'm really sorry.

また何かあれば、ぜひ、お誘いください。

Would you give me a rain-check?

オンラインの出会い

3 オンラインの出会い
ネットでの誘い出し

ネットで出会ったとしても、またイベントや旅行などで出会ったとしても、直接会ったり、つぎに会うための約束をとりつけます。最初の印象が良ければ、それほどメールのやり取りをしなくてもデートに誘い出せるものです。そうでなければ、多人数で会う約束をとりつけるといいでしょう。誘い出せる確率があがります。

誘い出しに使えるフレーズ

今度、みんなで飲むんだけど、来ない？

アイム　プレニン　トゥ　ハヴァドリンク　ウィズ　マイ
I'm planning to have a drink with my
フレンズ　ウィル　ユゥ　ジョイナス？
friends. Will you join us?

楽しそう！　いつ？

サウンズ　ファン！　ウェンイズイッ？
Sounds fun! When is it?

どういう集まり？

ウァラ　カインダブ　ギャザリン　イズイッ？
What a kind of gathering is it?

△月△日に、バーベキューするんだけど、来ない？

ウィ　ウィル　ハヴァ　バービキューパーリィ　オン
We will have a barbecue party on
（△/△）　ウァイ　ドンチュゥ　カム？
(month/date). Why don't you come?

その日は都合が悪いんだ。今度、誘ってよ。
That day isn't good for me. Will you give me a rain check?

楽しそうだけど、仕事が忙しくて時間がとれないんだ。
It should be fun. But I can't afford the time away from work.

お誘いはありがたいけど、バーベキューは苦手なんだ。
I appreciate your invitation, but I'm not comfortable with being at a barbecue party.

先日はどうも。楽しかったね。近いうちに飲まない？
Hi, we had fun that day. Let's have a drink soon.

いつ？　予定をみてみるね。
When? Let me check my calendar.

ここ最近、忙しくて。かなり先になると思う。
I've been extremely busy these days. I can be available much later.

忙しくて、いつ時間ができるかわからない。

As I'm very busy, I have no idea when I can afford the time.

美味しいタイ料理の店があるんだ。行かない？

I know a good Thai restaurant. Will you come with me?

今月は忙しいから、来月に誘って。

It's a busy month for me. Next month would be fine.

ご飯を食べに行こうよ。おごるから。

Let's go to a restaurant. I will treat you.

△△で悩んでいて。相談に乗ってほしいんだ。

I want you to listen to my problem about △△ .

△△（イベント）のチケットがあるんだけど一緒に行かない？

I have tickets for △△ . Do you come with me?

第4章 デートする

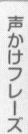

飲み会や食事でのフレーズ

　デートといえば映画や水族館などを想像するかもしれませんが、あまり知らない仲で行くと拘束時間が長くて失敗します。飲みや食事に誘うほうがいいでしょう。

　というわけで、ここで飲みや食事のときに使えるフレーズを紹介します。

♥待ち合わせ

♥お店で

♥少し深い話

♥少し仲良くなったときのほめかた

♥突っ込んだ恋話をする

♥将来のイメージを植え付ける

♥脈ありを示す

♥お店を変える

♥お会計からお店を出るまで

❶ デートする
待ち合わせ

ドタキャン防止にリマインドメールを送るといいでしょう。ここではリマインドメールから、店に行くまでのフレーズを紹介します。特に、店まで移動する間、無口でいると気まずいのでここで紹介しているフレーズを口にして、会話をするきっかけにしましょう。

待ち合わせのときに使えるフレーズ

明後日だね。△△駅の噴水の前で待っているよ。

It's the day after tomorrow. I will wait for you at △△ 's fountain.

明日、レストラン（カフェ、パブ、etc）で待ち合わせよう。

Let's meet at the restaurant (coffee shop, pub, etc).

△△で予約している。

I have a reservation at △△ .

店の場所はＵＲＬにあるよ。

You will find where it is when you click the URL.

明日が楽しみ！

I can't wait for tomorrow!

約束の時間が過ぎたけど、何かあった？

The time has passed. Is something wrong with you?

少し遅れる。近くにカフェがあるからそこに入ってて。

I'll be a little late. Wait for me at a coffee shop nearby.

遅れてごめん。あと５分で着く。

Sorry for late. I'll be there in five minutes.

ごめん。少し遅れる。先に食べてて。

I'm sorry. I'll be late a bit. Please start eating.

待った？　道に迷ってしまって。

Were you waiting long? I got lost.

気にしていないよ。いま、来たところ。

ネヴァマイン　　　　　　アイヴ　　ジャスタライブドゥ
Never mind. I've just arrived.

スーツ着ていると雰囲気が違うね！

ユー　　ルック　　ディファレン　　　インナスー！
You look different in a suit!

前に会ったときと雰囲気が違うね！

ユー　　ルック　　ディファレン　　フラム　ザ　　ラスタイム　　アイ ソウ ユゥ！
You look different from the last time I saw you!

今日はどんな店に行くの？

テル　　ミー　　アバウッ　　トゥデイズ　　レストラン
Tell me about today's restaurant.

今日行く店は、ニョッキが美味しいので有名なんだ。

ザ　　レストラン　　　イズ フェイマス　　フォー　ノキ
The restaurant is famous for gnocchi.

その店には、よく行くの？

ドゥ　ユゥ　　フリークェン　　　ザ　　レストラン？
Do you frequent the restaurant?

この街にはよく来るの？

ドゥ　ユゥ　カムトゥ　　　ディス　　タウン　　オフン？
Do you come to this town often?

私は、はじめて。

ディス　イズ マイ　ファースト　ヴィズィッ
This is my first visit.

お腹減ったよね。店まで、あと△分くらい。

ウィ　アー　スターヴィング　　アーンウィ？　　ウィル　ビィ
We are starving, aren't we? We'll be
ゼアリィン　　　アバウッ　　ファイブ　ミニッツ
there in about five minutes.

デートする

> Why don't we have a drink on the weekend, as I can get my job done early.

❷ デートする
お店で

ここではデートで行くレストランなどのお店で使えるフレーズを紹介しています。なお、良い印象にしたいのなら、常にプラスのイメージがある言葉を使うようにしましょう。

お店デートで使えるフレーズ

こんな素敵な店、はじめて！

アイ ハヴ ネヴァ カムトゥ ア ナイス レストラン ライクディス！
I have never come to a nice restaurant like this!

この店、雰囲気いいね。

ディス レストランツアトモスフィア イズ グッ
This restaurant's atmosphere is good.

オシャレな店だね。

イッツァ ファンシー レストラン
It's a fancy restaurant.

この店によく来るの？

ドゥ ユゥ カム ヒア オフン
Do you come here often?

店員のサービスもいいね。

ザ　スタッフズ　サーヴィスザー　　　グッ　　トゥー
The staff's services are good, too.

コース料理にしてるの？

アー　ウィ　ゴーイントゥ　ハヴ　コース　ミールズ？
Are we going to have course meals?

△△がお勧め。キミの口に合うと思うよ。

アイ　リコメンド　　　△△　　アイ　スィンク　ユゥ　ライキッ
I recommend △△ . I think you like it.

あなたのお勧めの料理は？

ウァッ　　ディッシュイズ　ドゥ　ユゥ　リコメンド？
What dishes do you recommend?

魚が好きなんだけど、何かいい料理はない？

アイ　ライク　フィッシュ　ドゥ　ユゥ　ハヴ　エニィ　サジェスチョン？
I like fish. Do you have any suggestion?

私あまりお酒を飲めないの。

アイ　キャント　ドリンク　マッチ
I can't drink much.

デートする

73

下戸なんだ。

アイ キャント ドリンク アットォー
I can't drink at all.

この料理、美味しいね！

ディス イズ デリーシャス！
This is delicious!

何を食べても美味しいね！

エヴリシン イズ ヤミィー！
Everything is yummy!

こんなに美味しい料理を食べたのははじめて！

アイヴ ネヴァ ハド サッチデリシャスフー！
I've never had such delicious food!

❸ デートする
少し深い話

初対面のときは表面的な話題ばかりですが、口説くには「恋愛」「仕事」「人間関係」の悩みなど、深い話題にシフトさせたいところです。ただ、いきなり深い話はできないので、このあとにつながるよう、伏線をはりましょう。

深い話題への伏線フレーズ

兄弟（姉妹）はいる？　何人いるの？

ドゥ　ユゥ　ハヴ　ブラザーズ　　　オア　シスターズ，　オア　ボース？
Do you have brothers or sisters, or both?
ハゥ　メニィ？
How many?

母親と買い物に行ったりするの？

ドゥ　ユゥ　ゴー　ショッピン　　ウィズ　ヨァ　マザー？
Do you go shopping with your mother?

家族の仲、良さそうだよね。

ヨァ　ファミリー　シームス　トゥ　ビィ　クローズ
Your family seems to be close.

良くないの？

イズントゥ　クローズ？
Isn't close?

75

仕事、楽しそうだよね。

Seems like you're enjoying your job.

え、つまらないの？

Oh, you aren't.

職場にいる女性は、結婚したら退社するの？

Will women in your workplace leave the company after marriage?

仕事にやりがいはある？

Are you satisfied with your job?

職場は同期が多くていいよね。飲みに行ったりするの？

I think it's good you have many same-age peers. Do you go get a drink with them?

❹ デートする

少し仲良くなったときのほめ方

口説くとき、ほめるのは大きな武器になりますが、下手にほめると逆効果になることもあります。ここでは、少し仲良くなったあとに、ほめる方法を紹介しています。

仲良くなってきたときの「ほめフレーズ」

頭の回転、はやいよね。

ユゥ　スィンク　ファースト
You think fast.

みんなに「美人」って言われない？

ダズ　　エヴリワン　　セイ　ユァ　　ビューリフォー？
Does everyone say you're beautiful?

そうなんだ。頑張り屋さんなんだね。

イズ ザッソウ？　ユゥ　リィェリィ　アー　アノーバーチーヴァー
Is that so? You really are an overachiever,
アーンチュウ？
aren't you?

手が綺麗なんだね。（性を感じさせない部分をほめる）

ヨァ　　ヘンズ　　アー　　ビューリフォー
Your hands are beautiful.

気がきくよね。

You are sensible.

君みたいな、気立てのいい人はいないよ。

There isn't anyone who has a nicer personality than you.

周りから頼りにされているんだね。

You're counted on by people around you, aren't you?

頼りになるんだね。

You're the one who can be counted on.

頼もしいな。

You're dependable.

いつも頑張りすぎてしまう人なんだね。

You're the one who is always trying harder.

優しいんだね。普通はそんなことしないよ。

イッツ　カインダヴユゥ　　　　　ピーポー　　　ユージュアリィ　ドン　　ドゥ　ディス
It's kind of you. People usually don't do this.

すごい！　そんなこともできるんだ！

イッツァメージング！　　ユァ　　　イーヴン　　エイボー　トゥ　ドゥ
It's amazing! You're even able to do
サッチァ　　スィング！
such a thing!

（そんなことはないという返答に対して）自分で気がついていないだけじゃない？

アイ　スィンク　　オンリィ　　ユー　　ハヴン　　　リアライズッ　　　ザッ
I think only you haven't realized that.

デートする

❤5 デートする
突っ込んだ「恋話」をする

口説くときは、「恋話」をするのがもっとも効果的で効率的です。初対面ではないので、もう少し突っ込んだ「恋話」をするといいでしょう。ここで話が盛り上がれば、告白してもうまくいく確率が非常に高いと言えます。

突っ込んだ恋話

付き合ったら、週に何回くらい会うの？

As steadies, how many times will we see in a week?
（アズ ステディズ, ハウ メニィ タイムズ ウィル ウィ シー インナ ウィーク）

付き合ってから、彼氏（彼女）とケンカしたことある？

Have you ever had a fight with your boyfriend (girl friend)?
（ハヴ ユゥ エヴァ ハダ ファイ ウィズ ヨァ ボーイフレン (ガールフレン)）

浮気されたことある？

Have you ever been cheated?
（ハヴ ユゥ エヴァ ビーン チーテッ）

浮気は許せないよね。

Cheating is unforgivable.
（チーティン イズ アンフォギヴァボー）

浮気したことある？

Have you ever had an affair with someone else?

そういうこともあるよね。

It happens.

そんなことがあったんだ…。

Oh my, such a thing has really happened to you.

男性って束縛する人多いよね。束縛されたことある？

Many men leash their girlfriends.
Have you ever been chained down?

友だちの彼女が１日10回はメールしてくるって。どう思う？

My friend's girlfriend sends him e-mail
at least 10 times a day. What do you think?

暴力をふるう男って許せないよね。

I hate a man who uses violence.

6 デートする
将来のイメージを植え付ける

相手はあなたと付き合えばどのような生活を送れるのか、と考えているものです。そこで、いままでの会話から「相手が望んでいるであろう将来」を推測して、「自分ならその将来を叶えることができる」と話すといいでしょう。

希望の将来をイメージさせるフレーズ

結婚したら子どもは4人は欲しい。

イフ アイ ゲッ　メリィッ　　　　アイ ワン　　フォー　　キッズ
If I get married, I want four kids.

彼女と半年に一回は海外旅行に行きたい。

アイ ワナ　　ゴウ アブロー　　ウィズ　マイ　ガールフレン
I wanna go abroad with my girlfriend
ア　リーストゥ　ワンス　イン　セックス マンス
at least once in six months.

大切な人には、いろいろ料理をつくってあげたいな。

アイ ワナ　　クッ　　メニィ　　カインズ　オヴ フー
I wanna cook many kinds of food
フォー マイ　スウィーハート
for my sweetheart.

私の料理は美味しいんだよ？

ドンチュウ　　ノウ　　アイマ　　グッ　　クッ?
Don't you know I'm a good cook?

結婚相手には幸せになってほしいから、専業主婦でも共働きでもどちらでもいい。

I don't care whether I'm going to be a full-time housewife or keep working if my marriage partner is happy.

老人になっても手をつなぐような仲になりたい。

I hope that I and my partner will make a couple who still hold hands when they get old.

好きな人の両親も大切にしたい。

I will care about my lover's parents as well.

結婚しても一緒に買い物に行くような仲になりたいな。

I wanna go shopping together even after marriage.

お互いに尊重し合いたい。

I hope I and my partner will keep respecting each other.

家を買ってゴールデンレトリバーを飼いたいな。

I'm dreaming of having a house and a golden retriever.

❤️7 デートする
脈ありを示す

初対面のときよりも心の距離が近まっているので、よりストレートに好意を伝えるといいでしょう。ただ、相手によっては「いきなり」と感じることがあるので、相手に応じて好意の示し方を変えたいものです。なお、ボディータッチを交えるとより効果的です。

好意を伝えるフレーズ

やっぱり、あなたと一緒にいると楽しい。

アズ　アイ　イクスペクテッ　　　アイ　フィール　ハピィ　　　アランジュゥ
As I expected, I feel happy around you.

こういう時間がずっと続けばいいのに。

アイ　ウィッシュ　ディス　　モーメン　　　　ウッラス　　　　　フォレヴァー
I wish this moment would last forever.

かっこいいよね！

ユア　　　　　クウォ！
You're cool!

可愛いよね！

ユア　　　　　キューッ！
You're cute!

84

△△さんって、好みのタイプなんだよね。

△△ is my type.

また会ってくれる？

Will you see me again?

今度はいつ会える？

When can we see each other next time?

今度は、遊園地に行きたいな。

Next time I wanna go to an amusement park.

どうすれば友だちから格上げできるのかな？

Will you tell me how we can be more than friends?

肩にほこりがついているよ。取ってあげるよ。

I see dust on your shoulder.
Let me flick it off.

綺麗なマニキュアだね。見せて。

ヨァ　　ネルズァー　　ビュリフリィ　　マニキュアード　　ショウ　ミィ
Your nails are beautifully manicured. Show me.

ゴツゴツした指。どんな感じか触らせて。

ヨァ　　フィンガーズァー　　ボゥニィ　　レッ　ミー　タッチ　ゼム
Your fingers are bony. Let me touch them.

スゴイ腕。触ってもいい？

アメージン　　アームズ　　メイ　アイ　タッチ？
Amazing arms. May I touch?

As I expected, I feel happy around you.

8 デートする
お店を変える

その日のうちに男女の関係になるには、店を変えてバーなどに移動したほうがいいでしょう。程良くざわついていて、隣同士の席、薄暗い店を選ぶといいでしょう。ここでは、断りのフレーズとともに、そのときに使えるフレーズを紹介します。

お店を変えるときに使えるフレーズ

店を変えない？

ウァイ　ドン　ウィ　ゴゥ　トゥ　アナザー　プレイス？
Why don't we go to another place?

飲みなおさない？

ウァイ　ドン　ウィ　ハヴァ　ドリンクアッ　アナザー　プレイス？
Why don't we have a drink at another place?

いいバーを知っているんだ。

アイ　ノウ　ア　グッ　バー
I know a good bar.

終電までまだ時間があるよね。

ザ　ラストレイン　ウォント　リーヴ　スーン
The last train won't leave soon.

87

もう少し話さない？

レッ　チャットゥ　モア
Let's chat more.

美味しいデザートを食べない？

ワナ　　　　ハヴァ　　　　グッディザー？
Wanna have a good dessert?

このあと、予定ある？

アー　ユゥ　ビズィ　アフター　ディス？
Are you busy after this?

まだ時間あるでしょ？　いいバーがあるんだ。

ユゥ　スティル　ハヴ　タイム　ドンチュウ　アイ　ノウ
You still have time, don't you. I know

ア　グッ　　バー
a good bar.

いいね。△△時までなら大丈夫！

サウンズ　　グレイッ　アイ キャンビィ　ウィズユゥ　　ティル △△！
Sounds great. I can be with you till △△!

断りのフレーズ

また今度ね。

スィー　ユゥ　ネクスタイム
See you next time.

ごめんなさい。明日はやくて。また今度行きましょう。

ソーリィ　　アイ　ハフトゥ　　ゲラッ　　　アーリー　　トゥマロウ
Sorry, I have to get up early tomorrow.
レッゴゥ　　ゼア　　ネクスタイム
Let's go there next time.

もうこんな時間！　帰らないと！

ルッカァザタイム！　　　　　　　　ガラゴゥ！
Look at the time! Gotta go!

このあと、友だちと会う約束があって。帰ったらメールするね。

アイ　ハヴ　　アナポイントメン　　　ウィズァフレン　　　アフターディス
I have an appointment with a friend after this.
アイル　センジュゥ　　　イーメイル　　ウェン　アイ　ゲッ　バッホーム
I'll send you e-mail when I get back home.

明日はやいから、もう帰らないと。

ガラゴゥ　　　　　アイ　ハフトゥ　　　ゲラッ　　　　アーリー　　　トゥマロウ
Gotta go. I have to get up early tomorrow.

おなか一杯で、もう飲めない。今日は帰る。

アイム　スタッフド　　ソウ アイ キャント　ドリンクモア　　　アイム　リーヴィン
I'm stuffed, so I can't drink more. I'm leaving.

このあと、観たいドラマがあるんだ。

アイ ハヴァ　　ティーヴィードラマ　　トゥ　ワッチ
I have a TV drama to watch.

うちの親、帰るのが遅くなると怒るんだよね。

マイ　ペアレンツ　　　ウッ　　　ゲッマーッ　　イフ アイ カム　　ホーム　　レイト
My parents would get mad if I come home late.

❾ デートする

お会計からお店を出るまで

お会計のときのやり取りも重要です。ここでうまくやらないとそのあとの口説きに影響します。もうこれ以上の展開を期待できないときなど、支払いたくないときのフレーズも紹介。

お会計のときに使えるフレーズ

今日はおごるよ。

ディス　イズ　マイ　トリート
This is my treat.

財布を出さなくてもいいよ。

ユゥ　ドン　ハフトゥ　ペイ
You don't have to pay.

悪いわ。いくら？

ノゥ　イッツ　トゥー　カインダヴユゥ　アイル　ペイ　トゥー
No, it's too kind of you. I'll pay, too.

△△ドルでいいよ。

△△ダラーズ　ウッビィ　ファイン
△△ dollars would be fine.

割り勘にしましょう。

レッゴゥ　　　　ダッチ
Let's go Dutch.

私が払う。あなたに借りをつくりたくない。

アイ　ウィル　　ペイ　　アイ　ドンワナ　　　　　　オゥユゥアデッ
I will pay. I don't wanna owe you a debt.

財布忘れてしまった。

アイ　レフト　　マイ　　ワレット　　アッホーム
I left my wallet at home.

申し訳ないけど、ここ、出してくれない？

アイムソーリィ　　　　バッ　　　ウッジュー　　　　ペイ　　ヒア？
I'm sorry. But, would you pay here?

そっちのほうが飲み食いしてたじゃない！

ウァッ？　　　ユゥ　　ハド　　モアザン　　　アイ　ディド！
What? You had more than I did!

第5章 口説く

詰める

　意気投合すれば、いざ口説きますが、そのときに使えるフレーズを紹介していきます。

　ちなみに、口説けるかどうかはすでに決まっています。もし口説けないようなら、いままでの言動を見直すようにしましょう。

♥パーソナルスペースを詰める
♥悩み、コンプレックスを聞く
♥リフレーミング
♥エッチな恋話
♥エッチにほめる
♥口説き文句
♥最後の一押しと断り
♥セックスの断り方と追撃

❶ 口説く

パーソナルスペースを詰める
（距離を詰める会話１）

言語によるコミュニケーションも大切ですが、それ以上に非言語コミュニケーションも重要です。口説くために、近づいたり、見つめあったり、ボディータッチしたりしましょう。そのときに役立つフレーズです。

口説きのアプローチ段階で使えるフレーズ

目にゴミが入ってしまって。見てくれる？

アイ ガッ サムダスト イン マイ アイ キャニュウ スィイッ？
I got some dust in my eye. Can you see it?

コンタクトがずれてしまって。どう？

マイ コンタクト イズ アウタブ プレイス ハウ イズイッ？
My contact is out of place. How is it?

充血してる？ 見てみて。

ドゥ アイ ハヴァ レッアイ？ テイカ ルック
Do I have a red eye?　Take a look.

髪にゴミがついている。取ってあげる。

ユゥ ガッ サムスィン オンニュア ヘアー アイム ゴナ ピッキラップ
You got something on your hair. I'm gonna pick it up.

顔を見せて。

ショウ　ミィ　ユァ　フェイス
Show me your face.

綺麗な瞳だね。見せて。

ユゥ　ハヴ　ビュリフォー　アイズ　ショウ　ミィ
You have beautiful eyes. Show me.

灰色の瞳だよね？　綺麗だね。

ユァ　アイズ　アー　グレイ　アーンゼイ
Your eyes are gray, aren't they.
ゼイ　アー　ビュリフォー
They are beautiful.

I want to be with you all day long today.

❷ 口説く

悩み、コンプレックスを聞く
(距離を詰める会話2)

悩みやコンプレックスは、ふつう、よほど仲良くないと話しませんが、だからこそ話をさせることができれば心の距離は一気に近くなります。なお、相手が話し出さないときはカウンセラーのように、まずは自分から話すのも手です。

悩みやコンプレックス系の話題

疲れているみたいだけど、何かあった？

ユゥ　ルッ　タイアード　ワッツ　アップ？
You look tired. What's up?

少し疲れた顔をしているけど、大丈夫？

ユゥ　ハヴァ　リル　タイアード　フェイス　アー　ユゥ　オーライ？
You have a little tired face. Are you all right?

話したくなければ別にいいんだ。

アイ　ドン　マイン　イフ　ユゥ　ドン　ワナ　トーク　アバウテット
I don't mind if you don't wanna talk about it.

実家にはよく帰るの？

ドゥ　ユゥ　オフン　ゴゥバック　トゥ　ヨァ　ペアレンツホーム？
Do yo often go back to your parents' home?

仕事は順調？

Is your work going well?

そういえば、家族仲があまり良くないって言っていなかった？

Haven't you said your family is not so close?

実は、家族のことで悩んでいて。キミの家族の仲はいい？

I'm actually worrying about family matters. Are your family members getting along with each other?

仕事は楽しくても、人間関係が大変でね。

I enjoy working, but it's difficult to keep good relations with others.

友だちが小学生のときいじめられていて、未だにコンプレックスなんだ。その気持ちわかる？

A friend of mine fell prey to bullying during my elementary schooldays. It's still my trauma. Do you understand what I feel?

③ 口説く
リフレーミング

悩み、コンプレックスの話をされたら、言い換え（リフレーミング）テクニックを使ったフレーズで返すといいでしょう。ただ、リフレーミングのテクニックを即興で使うのは難しいので、ここにあるフレーズを丸暗記して、使えそうなときに使うといいでしょう。

リフレーミングテクニックを使ったフレーズ

断れないのは、優しい性格だからだよ。素敵な性格なんだね。

You can't reject offers because you are gentle-natured. It's nice.

少しふくよかかもしれないけど、そのほうが安心感があるんだけどな。

Maybe you are a little on the chubby side. But that's why you make me feel safe.

神経質っていうのは、いろいろなところに配慮できる人ってことじゃないかな。

I think a person with a sensitive nature is a person who can give sufficient considerations to many matters.

飽きっぽいっていうのは、いろいろなことに興味を持てるバイタリティーがある人ってことだと思うよ。

I think if you get bored easily, it should mean you have a lot of vitality to get interested in various things.

意見をうまくまとめられないのは、みんなの意見を尊重してしまう優しい人だからじゃない？

I think you have difficulty forging a consensus because you are so tender-hearted that you respect all opinions.

いままでの恋愛がうまくいかなかったのは、きっと本当に幸せになれる相手が現れるからだよ。

I firmly believe that you've failed in love so far because you have yet to meet a person who can make you truly happy.

❤4 口説く
エッチな恋話

まだ知り合ってから日は浅いですが、そのまま肉体関係を持てる可能性があります。一気に距離を詰めましょう。そのときに役立つフレーズを紹介します。ただし、心の距離が離れていると逆効果なので、相手のことをしっかりと観察して使うようにしましょう。

エッチな恋話

お酒で過ちをおかしたことある？

ハヴ　ユゥ　メイダ　ミステイク　ウァイル　ドランク？
Have you made a mistake while drunk?

朝起きて隣に知らない人がいたことある？

ハヴ　ユゥ　エヴァ　ファンダ　ストレンジャー　ライツ
Have you ever found a stranger right
ネクス　トゥ　ユゥ　アフター　ウェイキンナッ？
next to you after waking up?

付き合っていないのに、そういう関係になったことある？

ハヴ　ユゥ　ハド　アナフェアー　ウィズ　サムワン
Have you had an affair with someone
フー　ワズナッ　ヨァ　ステディ？
who was not your steady?

何回くらい会ってから、そういう関係になる？

ビフォア　ハヴィン　アナフェアー　ハウ　メニィ　デイツ
Before having an affair, how many dates
ドゥ　ユゥ　ユゥジュアリィ　ハヴ？
do you usually have?

好きでも、体の相性が良くなければ別れる？

Will you walk away from the person you love if you can't have a good physical relationship?

体の相性が良ければ、付き合うこともある？

Is there any possibility you'll go out with someone who is only physically compatible?

顔が好みなのと、体が好みなのとどっちを選ぶ？

Which one will you choose, a man whose face is your type or a man who has a body you love.

下着の色を当てようか。黒色じゃない？

Let me guess your underwear's color. Isn't it black?

5 口説く

エッチにほめる

エッチな恋話ができるくらいになったら、物理的な距離を詰めたり、ボディータッチしながら、ほめましょう。ただ、かなり際どいので、使うときには注意が必要です。なお、男性の場合は「お尻」「胸」など、性を直接的に感じさせる言葉は使わないほうが無難です。

エッチにほめるフレーズ

(見つめながら) 綺麗な目をしているね。

ユゥ　　ハヴ　　　　ビュリフォー　　　　　アイズ
You have beautiful eyes.

セクシーな唇だね。

ユゥ　　ガッ　　セクスィー　リップス
You got sexy lips.

可愛い唇だね。

ヨァ　　　リップス　　アー　キューッ
Your lips are cute.

胸板厚いんだね。

ユゥ　　ガッタ　　マイティ　　　チェスト
You got a mighty chest.

102

たくましい腕してるんだね。

ヨァ　　　アームズァー　　　　マスキュラー
Your arms are muscular.

可愛い指だね。

ヨァ　　　フィンガーズァー　　　　キューッ
Your fingers are cute.

女性みたいな指だね。

ユゥ　　ハヴ　　　ウマニッシュ　　　フィンガーズ
You have womanish fingers.

手、綺麗だね。

ヨァ　　　ヘンズ　　　アー　ビュリフォー
Your hands are beautiful.

手、ごつごつしているね。

ユゥ　　ハヴ　　　ボウニィ　　ヘンズ
You have bony hands.

❻ 口説く
口説き文句

ここまで来れば何を言っても男女の関係になることができますが、一応、使えるフレーズを紹介します。ここまで来てもまだ口説けない場合は、深追いせずに別の日に誘って再チャレンジするといいでしょう。

口説きに使えるフレーズ

こんな気持ちになるとは思わなかった。

アイ ネヴァ ソート アイ ウッ フィール ディス ウェイ
I never thought I would feel this way.

こんな気持ちになるのは、はじめて。

アイヴ ネヴァ フェルト ディス ウェイ ビフォア
I've never felt this way before.

あなたに惹かれている。

アイム ドゥローン トゥユゥ
I'm drawn to you.

あなたと一緒のときだけ、自分らしくいられるんだ。

アイ キャン ビィマイセルフ オンリィ ウェン アイム ウィズユゥ
I can be myself only when I'm with you.

いつもあなたのことばかり考えてしまう。

I can't think of anyone else but you.

自分には無理かなと思って諦めようと思ったこともあった。でも、この気持ちを抑えられないんだ。

I once had thought I should forget you because it seemed impossible for me to win your heart. But I can't hold back this feeling.

私の気持ちを受け取って！

Please accept my feelings!

もしかして私の想い届いていないのですか？

Don't you know my feelings for you?

実は一目ぼれだったんだ。

To tell the truth, I instantly fell in love with you.

今日はずっと一緒にいたい。

アイ ワナビィ ウイズユゥ オーデイロン トゥデイ
I wanna be with you all day long today.

あなたに夢中なんだ！

アイム クレイズィ アバウチュゥ！
I'm crazy about you!

本気なんだ。

アイム スィリアス
I'm serious.

もう終電ないよ。

ユゥヴ ミッスザラストレイン
You've missed the last train.

今日はいいよね？

イズイッ オーライ フォーユゥ トゥデイ？
Is it all right for you today?

一線を越えない？

ウァイ ドンウィ クロス ザ ライン？
Why don't we cross the line?

家に来ない?

ドンチュゥ　　　　　　カム　　トゥ　マイ　　ハウス?
Don't you come to my house?

何もしないよ。約束する。

アイ ウォンドゥ　　　エニスィン　　　トゥ　ユゥ　　アイ プロミス
I won't do anything to you. I promise.

ハグして。

ギンミィ　　　　　ア　ハッグ
Give me a hug.

強く抱きしめて。

ギンミィ　　　　　ア　ビッハッグ
Give me a big hug.

キスして。

キスミィ
Kiss me.

手をつないでもいい?

キャナイ　　　ホールジョア　　　ヘン?
Can I hold your hand?

107

7 口説く
最後の一押しと断り

女性はその気になっていても断ろうとすることがあります。それを押し切るフレーズを紹介します。なお、女性が形式上断っているだけなら、ここにあるフレーズを言うだけでホテルに行くことができます。これでも無理なら諦めましょう。

もう一押しとお断りのフレーズ

疲れてて、とてもその気にはなれない。

I don't feel up to it. I'm so tired.

ホテルで寝ればいいんじゃない？

You can sleep in a hotel room.

ホテルだときっと眠れないじゃない。帰るね。

I'm afraid I can't have any sleep in a hotel room. I'll go home.

明日仕事がはやくて。タクシーで帰るね

I have to go to work early in the morning. I'll take a taxi.

ここまで来てそれはないんじゃない？

You can't do this to me now, can you?

私のことが大切なら我慢できるでしょ？

I think you can be patient, if you care much about me.

そういう仲になるのは、まだはやいよ。

It's too early for us to go further.

お互い、よくわかっていないのに、そういう関係になれない。

I can't hook up with you till we've known well each other.

よくわかっていないからこそ、いま、はじめるんじゃないか。

Because we don't know well each other, we should begin now.

つぎに会ったときでいいんじゃない？

Can't you put it off till we see next time?

人間、明日はわからないんだ。

No one knows what will happen tomorrow.

この瞬間を大切にしたいんだ。

Only this moment is important for me.

まだ付き合っていないよね？　付き合っていないのにできない。

We haven't yet gone steady, have we?
I can't hook up with someone who is
not my steady boyfriend.

付き合うかどうかなんて、しょせん、口約束だよね。確かな証拠が欲しい。

It's just a verbal promise to say "I'm
going steady with you." I want a solid
proof.

肉体関係が証拠なの？

イズ ハヴィン セックス ザ プルーフ？
Is having sex the proof?

それ以外に何があるの？

ウァッテルス？
What else?

生理なの。

アイム オンマイ ピリオド
I'm on my period.

生理がはじまってしまって。

アイヴ ジャス ガッタ ピリオド
I've just got a period.

生理でもいい。気にしない。

アイ ドンマインド イフ ユゥ アー オンニュア ピリオド
I don't mind if you are on your period.

生理の日にすると危険なの、知ってる？

ドンチュゥ ノゥ ハヴィン セックス デュエリン ア ピリオド
Don't you know having sex during a period
イズ デンジャラス？
is dangerous?

111

危険日なの。万が一のとき、責任取れるの？

I will highly likely to get pregnant if I have sex today. Can you face the consequence?

あなたのことは友だちとしか思えない。

I can think of you only as a friend.

これからも友だちでいいじゃない？

I think we have no problem staying friends.

ごめん、あなたのことをそういう目で見ることができない。

Sorry, I can't look at you that way.

急すぎる！ 時間が欲しい。

Too haste! I want some time.

8 口説く

セックスの断り方と追撃

セックスに至るまでは、たいてい「攻防戦」があります。もう少し時間をおきたい、もうちょっと考えたい、というときにうまく断るためのフレーズと断られた場合の追撃用フレーズを紹介します。

セックスまでの攻防戦で使えるフレーズ

まだ知り合って日が浅いよね？

We met only recently, don't we?

お互い、まだよくわからないよね？

We have yet to know well each other, right?

いつになればわかるっていうの？

How long should it take till we understand each other.

フィーリングを大切にしようよ。

Emotions are important.

一線を越えたあと、ゆっくりとお互いのことを知ればいいんじゃない。

I think we'd better take time to understand each other after crossing the line.

急すぎない？

Isn't it overhasty?

何事も急なものだよ。

Everything happens quickly.

なぜそんなに焦っているの？

Why are you so rushing?

焦っているわけじゃなくて、もっと深い関係になりたいだけなんだ。

I'm not in a rush. I just wanna go further with you.

もう少し時間が欲しいの。

I need a little more time.

第6章 エッチ

優しく、大胆なピロートーク

　出会い、連絡を取り合い、デートを重ね、そしてさらにお互いを分かり合う……。愛しあう二人についに訪れるベッドインタイム。

　ここでは、なかなか辞書や英会話教材には載っていない、そのときに使えるフレーズを紹介します。

♥エッチするまで
♥イチャイチャするとき
♥言葉で感じさせる
♥前戯から本番
♥本番中に
♥行為のあと
♥快楽を貪欲に求める
♥セックスに対する不満

❶ エッチ

エッチするまで

ホテルや部屋に入ってすぐにSEXするわけではありません（そういうこともあるかもしれませんが…）。シャワーを浴びたり、灯りを消したり、緊張を和らげたり、服を脱がせたり……というような、いざ本番の前に使えるフレーズです。

エッチの前のフレーズ

シャワーを浴びたい。

アイ ワナ　　テイカ　　　シャワー
I wanna take a shower.

シャワーを浴びて。

テイカ　　　シャワー
Take a shower.

シャワーを浴びないで。そのままがいい。

プリーズ　　ドン　　テイカ　　　シャワー　　アイ ウォンチュウ
Please don't take a shower. I want you
トゥ ステイ　ヒア
to stay here.

お風呂、先にどうぞ。

ウァイ　　　ドンチュウ　　　テイカ　　　バス　　ファースト？
Why don't you take a bath first?

先にシャワーを浴びるね。

I'll take a shower first.

一緒にお風呂に入らない？

Why don't we take a bath together?

電気消して。

Turn off the light, please.

明るいところでしたい。顔を見たいから。

I want the light because I like to see your face during sex.

恥ずかしがらなくてもいいよ。

Don't be shy.

少しは暗くして。

I want the light dimmed.

ベッドに入りなよ。

スリップ　イントゥ　ザ　ベッド
Slip into the bed.

これ、どうやって脱がせばいいの？

ショウ　ミィ　ハウ　トゥ　アンドゥレス　ユゥ
Show me how to undress you.

眠くなってきた。やっぱりやめない？

アイム　ビィカミン　スリーピィ　ワイ　ドン　ウィ　ドゥ　ナッスィン？
I'm becoming sleepy. Why don't we do nothing?

我慢できない。

アイ　キャント　ウェイト
I can't wait.

もう気持ちをおさえることができない。

アイ　キャント　リストレイン　マイ　イモゥション　エニ　モァ
I can't restrain my emotion any more.

やっぱりできない！

アイ　キャント！
I can't!

118

無理だ。たたない。

I can't do it. I can't get it up.

はじめてなの。

This is my first time.

あまり経験がないの。

I don't have much experience.

緊張しなくても大丈夫。

Don't get nervous. It's all right.

優しくするよ。

I'll treat you nice.

---

❷ エッチ

イチャイチャするとき

男性は挿入して終わりですが、女性は雰囲気を大切にします。ここで紹介するフレーズもＳＥＸの前に使えるものですが、ベッドの中に入ってからやさらに密着したシチュエーションで雰囲気を盛り上げられるフレーズを厳選しました。

エッチの前に雰囲気を盛り上げるフレーズ

寄り添っていい？

キャナイ　スナゴラブ　ウィズユゥ？
Can I snuggle up with you?

顔が見たいな。

アイ　ワナ　シー　ヨァ　フェイス
I wanna see your face.

もっとそばに来て。

カム　クローサー　トゥ　ミィ
Come closer to me.

こっち向いて。

シー　ミィ
See me.

私の目を見て。

<small>ルッカッ　　マイ　　アイズ</small>
Look at my eyes.

抱きしめて。

<small>ホーミィ</small>
Hold me.

ギュッと抱きしめて。

<small>ホーミィ　　タイッ</small>
Hold me tight.

後ろから抱きしめて。

<small>ホーミィ　　フラム　　ビィハインド</small>
Hold me from behind.

髪を撫でて。

<small>ストゥロゥク　　マイ　　ヘア</small>
Stroke my hair.

さすって。

<small>ギンミィ　　ア　ラヴ</small>
Give me a rub.

キスして。

キス　ミィ
Kiss me.

体にキスして。

キス　マイ　バディ
Kiss my body.

愛撫して。

ラブ　ミィ　アップ
Rub me up.

もっと優しく。

ドゥ　イッ　モァ　ジェントリィ
Do it more gently.

もっと激しく！

ハーダー！
Harder!

くすぐったい。

ザッ　ティックルス
That tickles.

気持ちいい。

イッツ　　　グーッ
It's good.

幸せ。

アイム　　ヘピィ
I'm happy.

何かしてほしいことある？

ドゥ　ユゥ　　ハヴ　　サムスィン　　　　ユゥ　ウォン　ミィ　トゥ　ドゥ？
Do you have something you want me to do?

Let's cum together!

I'm coming.

③ エッチ
言葉で感じさせる

女性は「脳」で感じると言われます。ですので、できるだけ言葉で感じさせてみましょう。そのあとの本番で盛り上がるかどうかにもとても影響してきます。女性が使える表現もあわせて紹介しています。

女性を言葉で感じさせるフレーズ

美しい体だね。

ヨァ　　　バディ　　　イズ　ビューリフォー
Your body is beautiful.

いやらしい体しているね。

ユゥ　　ガッタ　　ラストフォー　　バディ
You got a lustful body.

すごく色っぽいよ。

ユァ　　　　ヴェリィ　セクスィー
You're very sexy.

すごく綺麗だよ。

ユァ　　　ソー　ビューリフォー
You're so beautiful.

脚、綺麗だね。

ユゥ　ハヴ　　　ビューリフォー　　　レッグス
You have beautiful legs.

こんな綺麗な体をしている人ははじめてだ。

アイヴ　ネヴァ　　シーナ　　ビューリフォー　　バディ　　ライク　ヨァズ
I've never seen a beautiful body like yours.

そんなに見ないで。恥ずかしい。

ドン　ステア　アッミィ　ソー　マッチ　アイム　シャイ
Don't stare at me so much. I'm shy.

バスタオルで隠さないで。

ドン　カヴァ　ヨァ　バディ　ウィズ　ザ　バスタウェル
Don't cover your body with the bath towel.

綺麗な肌だね。

ユゥ　ハヴ　ビューリフォー　スキン
You have beautiful skin.

そこを、なめて。

リッキッ
Lick it.

オナニーしてみて。

I wanna see you rub yourself.

オーガズム、感じたことある？

Have you ever reached orgasms?

すごい濡れてる。

You're so wet.

こんなに濡れて…。スケベな女だ。

You got wet so much. You're a horny woman.

すごい濡れてるかも……。だって、気持ちいいんだもん。

Maybe I've got moist very much because I feel so good.

どこを触ってほしいの？　言ってみて。

Tell me where you want to be touched.

何、聞こえない。大きな声で言って。

I can't hear you. Speak louder.

誰が足を閉じていいって言った？

Who said you could close your legs?

腰動いてるよ。いやらしいんだな。

You're shaking your hip. I bet you're naughty.

嫌って言っているくせに、あんまり嫌がってないよね。

You said "No" but you aren't necessarily refusing me.

嫌って言っているわりには、体は正直だよね。

You say "No" but your body is honest.

いやらしい音がする。

It's making a juicy sound.

いやらしいポーズをして。

Give me a lustful pose.

口でして。

Suck me.

口に出していい？[口内射精]

Can I cum inside your mouth?

スゴイ固い！

It's very hard!

あなたの、大きい。口に入らないよ。

Your cock is too big to my mouth.

大きいから、顎が痛い。

My jaw hurts because it's big.

もう我慢できない！ 入れて！

アイ キャーン ウェイッ エニ モァ ベネトゥレイト ミィ
I can't wait any more! Penetrate me!

何を入れてほしいの？ 大声で言ってみて。

ウァッ ドゥ ユゥ ワナ テイク インヨァ ホール？
What do you wanna take in your hole?
セイ ラウドリィ
Say loudly.

入れてほしいならお願いして。

イフ ユゥ ワナゲッ インサーティド ベッグ ミィ
If you wanna get inserted, beg me.

お願いできないなら、やめるよ？

イフ ユゥ ドン ベッグ ミィ アイル クィット
If you don't beg me, I'll quit.

❹ エッチ

前戯から本番

挿入前の愛撫、姿勢や体位を変えたいとき、場所が微妙に違うときなど、前戯から本番までのいろんなシチュエーションに使えるフレーズです。

前戯から本番まで使えるフレーズ

仰向けになって。

ライ　オン　ヨァ　バック
Lie on your back.

うつ伏せになって。

ライ　ダウン　プロゥン
Lie down prone.

横向けになって。

ライ　サイドウェイズ
Lie sideways.

股を開いて。

オープン　ヨァ　レッグス
Open your legs.

私の上に来て。

_{ユゥル　ビィ　オン　トップ}
You'll be on top.

足を曲げて。

_{フレックス　ヨァ　レッグス}
Flex your legs.

力を抜いて。

_{ルースナップ}
Loosen up.

リラックスして。

_{リラーックス}
Relax.

そこを優しく触って。

_{タッチ　イッ　ジェントリィ}
Touch it gently.

そこじゃない。

_{ナッ　ゼァ}
Not there.

ここが気持ちいいの？

<small>ドゥ　ユゥ　フィール　グッヒァ？</small>

Do you feel good here?

四つん這いになって。

<small>ゲッダウン　　オン　ヨァ　　ヘンズン　　　ニーズ</small>

Get down on your hands and knees.

立って。

<small>スタンダップ</small>

Stand up.

股を閉じないで。

<small>ドン　　クロゥズヨァレグス</small>

Don't close your legs.

やめないで。

<small>ドン　　スタッピッ</small>

Don't stop it.

かんで。

<small>バイト</small>

Bite.

⑤ エッチ
本番中に

本番中に会話することはあまり多くはないと思います。ですが、言わないとわからないことや大事なことはあるので、ここで紹介しているようなよく使われるフレーズはいくつか覚えておくといいでしょう。

挿入してからフィニッシュまでのフレーズ

濡れにくい体質なの。ローション使って。

アイ ドン ゲッ ウェッ イーズィリィ ユゥド ベラー ユーズ ロゥション

I don't get wet easily. You'd better use lotion.

ローション使ってもいい？

キャナイ ユーズ ロゥション？

Can I use lotion?

コンドームつけて。

ユーズア カンデム

Use a condom.

中に入れて。

カミィンサイド

Come inside.

早く入れて。お願い。

Give it to me now, please.

後ろから入れて。

Fuck me from behind.

固くて熱い！

It's hard and hot!

すごく感じる！

It's so good!

アソコの中、気持ちいい。

Being in your pussy makes me feel good.

ついて。／もっと、ついて！／もっと激しくついて！

Poke me. / Poke me harder!/ Poke me much harder!

かき回して。

ステア　マイ　プッシー
Stir my pussy.

子宮までつきあげて！

ヒット　マイ　ウーム！
Hit my womb!

感じている顔を見たい。目を見て。

アイ　ワナ　シー　ヨァ　エクスタスィ　フェイス　ルッカッ　マイ　アイズ
I wanna see your ecstasy face. Look at my eyes.

可愛いよ。／キレイだよ。

ユァ　プリティ　ユァ　ビューリフォー
You're pretty. / You're beautiful.

好き。／愛してる。

アイ　ラヴュゥ
I love you.

気持ちいい！

グーッ！
Good!

イイ！
グーッ！
Good!

もっと！　もっと！
モア　　　エン　　モア！
More and More!

イク！
アイム　カミン！
I'm coming!

溶けちゃいそう！
イッツ　ブレイン　メルティングリィ　　グッ！
It's brain-meltingly good!

壊れる！／アソコが壊れる！
アイム　ゲティン　ディストロイド！
I'm getting destroyed!
マイ　プッシー　イズ　ゲティン　　ディストロイド！
My pussy is getting destroyed!

もう、イキそう！
オー　マイ　ガッ　アイム　ゴナ　　カム！
Oh my god, I'm gonna come!

イッちゃいそう。
アイム　カミン
I'm coming.

イクの、我慢して！
ノゥ　ナッ　イェッ！
No, not yet!

イッていいよ。
ユゥ　キャン　カム　ナゥ
You can come now.

一緒にいこう！
レッツ　カム　トゥゲザー！
Let's cum together!

中に出さないで。
プリーズ　ドン　カム　インサイド　ミィ
Please don't cum inside me.

中に出して。
プリーズ　カム　インサイド　ミィ
Please cum inside me.

ダメ、イキすぎ！　もう許して！

アイヴ　ガッ　オーガズムズ　トゥー　メニィ　タイムズ！　プリーズ　スタップ！
I've got orgasms too many times! Please stop!

もう無理！　死んじゃう！

アイ　キャント　ドゥイッ　エニモァ！　アイム　ゴナ　ダイ！
I can't do it anymore! I'm gonna die!

もう１回しよ！

レッツ　ドゥイッ　アゲーン！
Let's do it again!

「正常位」	「立ちバック」
ノーマル　スタイル　（ポジション） **normal style (position)**	スタンディング　ファック　フラム　ビィハインド **standing fuck from behind**
「バック（後背位）」	「69」
ドギー　スタイル **doggie style**	シックスティナイン **sixty-nine**
「騎乗位」	「全身リップ」
カウガール **cowgirl**	エンタイア　バディ　リック **entire body lick**

6 エッチ
行為のあと

男性は射精すると一気に性欲を失いますが、女性は違います。女性に対しては、行為のあともきちんとフォローするようにしましょう。関係を続けていくのにとても大事なその時間に使えるフレーズです。

フィニッシュのあとに使えるフレーズ

上手だね。

ユァ　　ヴェリィ　　エクスピアリアンスト
You're very experienced.

気持ち良かったよ。

イッ　ワズ　　ソー　グッ
It was so good.

どうだった？

ハウ　　ワズイッ？
How was it?

こんなに気持ち良かったのははじめて。

アイヴ　ネヴァ　ハド　サッチャ　グッ　セックス
I've never had such a good sex.

生まれてはじめてイった。

I felt orgasms for the first time ever.

全身に衝撃が走ったみたいだった。

It was like I was shocked to my bone.

腰がガクガクしてて、もう立てない。

I turned to jelly. I'm not able to stand up.

あなたのアソコ、大きくて壊れるかと思った。

I thought my pussy was gonna be destroyed because your cock was so big.

まだ感覚が残っている。

That sensation still lingers.

シャワーを浴びてきてもいい？

Can I take a shower?

❼ エッチ

快楽を貪欲に求める

アブノーマルなプレイに誘うためのフレーズです。人によってノーマルとアブノーマルの線引きが違うので、様子を見ながら誘うといいでしょう。なお、誘いを断るときのフレーズも紹介します。

アブノーマルなプレイへの誘いとお断りのフレーズ

快楽を貪欲に求めてみない？

ウァイ　ドン　ウィ　パスゥー　プレジャー　グリードゥリィ？
Why don't we pursue pleasure greedily?

今度するとき、ビデオで撮ってもいい？

キャナイ　シューッ　ヴィディオ　ウェン　ウィ　ドゥ　イッ　ネクス　タイム？
Can I shoot video when we do it next time?

真っ暗闇でしてみたい。

アイ　ワナ　ハヴ　セックス　イン　ザ　トータル　ダークネス
I wanna have sex in the total darkness.

制服を着てしない？

ドン　ウィ　メイク　ラヴ　イン　ユニフォームズ？
Don't we make love in uniforms?

アナルセックスに興味ある？

Are you interested in an ass fuck?

やめられなくなるそうだよ。

I've heard it's obsessive.

一回されたことがあるけど痛かった。

I had an ass fuck once. It was painful.

痛くしないから、今度やってみていい？

I won't make it painful to you. Will you let me fuck your ass next time?

大人のおもちゃを使ったことある？

Have you ever used adult toys?

いままでにバイブ使ったことある？

Have you ever used a dildo?

ピンクローターって知っている？

Do you know a pink dildo?

SMに興味ある？

Are you interested in a bondage sex?

ソフトSMならしてみたい。

I wanna try if it's a mild one.

潮吹いたことある？

Have you ever experienced squirting?

一度、青姦をしてみたいんだ。興味ある？

I'd like to have an outdoor sex. How about you?

今度、４Pしよう！

Let's have a four-person sex next time!

今度、乱交パーティーがあるんだって。
I heard there will be an orgy.

友だちのカップルとスワッピングしない？
Don't we have a partner swap sex party with a couple who are my friends?

あなたとはセックスに関する考えが違うみたい…。
I think I have a different idea about sex from you.

変態！
You are perky!

気持ち悪いこと言わないで！
Don't say disgusting!

もう二度とそんなことを言わないで！
Never say it again!

❤8 エッチ
セックスに対する不満

できれば使いたくない表現ばかりですが、セックスに対する不満を口に出すときに使えるフレーズを集めてみました。知っておいて損はないでしょう。

セックスが不満だったときに使えるフレーズ

痛い！

イッ ハーツ！
It hurts!

もっと優しくして！

ビィ ナイス！
Be nice!

もう無理！

アイ キャント コンティニュイッ！
I can't continue it!

乱暴にしないで！

ドン プッシュ ミィ アラウンド！
Don't push me around!

やめて！

スタッピッ！
Stop it!

もうやめて！

ドン　　　ドゥイッ　　　エニモァ！
Don't do it any more!

やめてって言っているでしょ！

アイ　トールジュゥ　　トゥ　スタッピッ！
I told you to stop it!

え？　もうイッちゃったの？

ウァッ？　　ユゥヴ　　　カム　　オーレディ？
What? You've cum already?

あなただけ、気持ち良くなっちゃって。

アイ　キャント　　ビリーヴ　　オンリィ　　ユゥ　ハヴ　　エンジョーイド
I can't believe only you have enjoyed.

まだイッてないよ。口でしてよ。

アイ　ハヴン　　カムイェッ　　アイ　ウォンチュウ　　トゥ　サック　マイ　カック
I haven't cum yet. I want you to suck my cock.

入れて腰をふるだけで気持ち良くなるとでも思っているの？

Do you think you can make a woman feel good only by inserting your cock and swaying your hip?

こんなにセックスが下手な人ははじめて！

I've never met a person who is as bad at sex as you!

お前、マグロか！

You're a dead fish!

妊娠しちゃったらどうするの？

What will you do if I get pregnant?

コンドームをきちんとつけてっていったじゃない！

I told you to wear a condom properly!

コンドームつけて。ピルを飲むだけだと性感染症の予防にならないから。

アイ　ウォンチュゥ　　　　トゥエア　　　　　　カンデム　　　　ビコーズ
I want you to wear a condom because

ア　ピル　キャント　プリヴェント　トランスミッション　　オヴ　ア
a pill can't prevent transmission of a

セクシャル　　　ディジーズ
sexual disease.

「素股」
サイズ　ジャブ
thighs job

「パイ摺り」
ティット　ジャブ
tit　job

「フェラチオ」
ブラウ　ジャブ
blow job

「駅弁」
スタンディン　ミショナリィ
standing missionary

「前立腺マッサージ」
プロスタティック　マッサージ
prostatic massage

第 7 章
付き合うようになったあと

飽きさせない

2人の関係を維持するためにも、さまざまなフレーズを覚えておきましょう。

♥予定を聞く、デートの提案

♥デートで

♥ラブラブな時期に……

♥倦怠期に……

♥浮気

❶ 付き合うようになったあと
予定を聞く、デートの提案

付き合ったあとも、誘ったり断ったりをします。前よりも少し深い関係になっている二人ですから、一歩進んだデートになっていきます。そのようなときのデートへの誘いやお断りをするときに使えるフレーズを紹介します。

つぎのステップのデートに誘う＆お断りのフレーズ

今週末はどうする？

ウァッ　ウィル　ウィ　ドゥ　ディス　ウィーケン？
What will we do this weekend?

映画はどう？

ハウ　アバウッ　ワッチンナ　ムーヴィー？
How about watching a movie?

あなたの家に行って料理をつくるよ。

アイル　クック　アッチョァホーム
I'll cook at your home.

うちに来て、DVDを観ない？

ウァイ　ドンチュウ　カム　トゥ　マイ　ハウス　トゥ　ワッチ　ディーヴィーディーズ？
Why don't you come to my house to watch DVDs?

150

仕事で疲れたから、家に来てくれない？

As I got tired from work, I hope you'll come to my house.

晴天みたいだから、家にいるのはもったいなくない？

A weather forecast said it'll be a nice day. Don't you think we'd better go out?

遊園地に行って童心を思い出さない？

Why don't we go to an amusement park to relive our childhoods?

週末は晴れだそうだから、ドライブに行こうよ。

The sky seems to clear up this weekend. Let go for a drive.

週末は友人と釣りに行く予定なんだ。ごめん。

Sorry, I have an appointment to go fishing with a friend of mine.

休日出勤しないといけなくて。

I have to do holiday work.

友だちと飲みに行く予定なんだ。

I'm scheduled to go out for a drink with my friends.

有給取って旅行に行かない？

How about taking a paid holiday for a trip?

あなたの国に旅行に行くのはどう？

How about visiting your home country?

年末年始はどうするの？

Do you have plans for the year-end and New Year holidays?

❷ 付き合うようになったあと

デートで

付き合いがはじまってからのデートのときなどに使える、少しくだけたフレーズです。

デートのときに使えるフレーズ

映画、面白かったね！

ザッ　　ムーヴィー　　ワズ　　グッ！
That movie was good!

このあと、どうする？

ウァッドゥウィドゥ　　　　　　　ネクスト？
What do we do next?

カフェで一服しない？

ハウ　アバウッ　テイキン　ア　ブリーザー　アッタ　カフィ　ハウス？
How about taking a breather at a coffee house?

ご飯を食べに行く？

ゴゥ　トゥ　ア　レストラン？
Go to a restaurant?

何か食べたいものある？

ドゥ　ユゥ　ハヴ　　サムスィン　　　　ユゥ　ワナ　　イート？
Do you have something you wanna eat?

あのアトラクション良かったね！

ザッ　　パーク　　ライド　ワズ　　グレイト！
That park ride was great!

もっと別の乗り物に乗ろう！

レッツ　　トライ　モァ！
Let's try more!

今度は水族館に行きたいな。

アイ　ワナ　　　ゴゥ　トゥ　アナクェリアム　　　ネクスト
I wanna go to an aquarium next.

ホテルに行かない？

ワァイ　　ドン　　ウィ　ゴゥトゥア　　ホテル？
Why don't we go to a hotel?

154

❸ 付き合うようになったあと
ラブラブな時期に……

付き合い始めのラブラブな時期に使えるフレーズです。ラブラブな時期にしか口にしないフレーズばかりですが、倦怠期のときにも使ってみるといいかもしれません。

ラブラブなときに使えるフレーズ

仕事帰りに会わない？

ワァイ　ドン　ウィ　ミーツ　アフター　ワーク?
Why don't we meet after work?

いいね！　仕事をはやく片付けるよ。

サウンズ　グッ!　アイル　ゲッ　マイ　ジャブ　ダン　クィックリィ
Sounds good! I'll get my job done quickly.

残業でいつ帰れるかわからないから難しい。ごめん。

アイ　ガットゥドゥ　オーヴァタイム　エン　ハヴ　ノー　アイディア
ウェナイ　キャン　フィニシット　ソーリィ
I got to do overtime and have no idea when I can finish it. Sorry.

埋め合わせはするから。

アイ　ウィル　メイキッラップ　トゥ　ユゥ
I will make it up to you.

昨日は何をしていた？

What did you do yesterday?

ずっとあなたのことを考えていたよ。

I was thinking about you all day long.

仕事忙しそうだね。会えなくてさびしい。

You seem very busy. I miss you.

ここ最近、残業続きで連絡もできなくてごめん。

I'm sorry I couldn't keep in touch with you these days due to continued overtime.

先週末は楽しかったね！

We had fun last weekend!

またドライブしたいな。

I wanna go for a drive again.

付き合って、1年になるね。
It's been a year since we started to go out.

こんなに幸せになれるとは思わなかった。
I never imagined I could become happy this much.

夜になると、あなたに会いたくて仕方がなくなる。
I really miss you especially at night.

会えなくてさびしいよ。
I'm missing you.

声を聞きたい。電話してきて。
I wanna hear your voice. Please call me.

いつも街で他の女のこと見ない？ 私がいるのに。
Aren't you constantly looking at other women while dating with me?

誓って、そんなつもりはないよ！

アイ スウェァ　　アイ ディドゥン　　ミィーニッ！
I swear, I didn't mean it!

△△（料理名）が好きだったよね？　今度つくろうか？

ユゥ　ライク　　△△　　ドンチュゥ　　　ドゥ　ユゥ　ウァンミィ
You like △△ , don't you. Do you want me
トゥ　クック　　ネクスタイム？
to cook next time?

❹ 付き合うようになったあと

倦怠期に……

付き合いが長くなってくると、どうしても訪れる倦怠期……。なるべくなら使いたくはありませんが、倦怠期に入ってしまったときに使えるフレーズを紹介します。

倦怠期に使えるフレーズ

なぜ最近会ってくれないの？

Would you tell me why you don't see me these days?
ウッジュウ テル ミィ ワイ ユウ ドン シー ミィ ディーズ デイズ？

最近、メールもくれないよね？

You don't send me even e-mail, do you?
ユウ ドン センド ミィ イーヴン イーメイル ドゥユウ？

残業で忙しいって言ったよね。

You said you were busy doing overtime, didn't you?
ユウ セド ユウ ワー ビズィー ドゥイン オーヴァタイム ディドゥンチュウ？

仕事ばかりで全然会ってくれなくなったよね。

You're putting a higher priority on doing a job than on dating with me.
ユーアー プッティン ア ハイアー プライオリィティ オン ドゥイン ア ジャブ ザン オン デイティン ウィズ ミィ

週末はいつもあなたといないといけないわけ？

シュダイ　ビィ　ウィズ　ユゥ　エヴリィ　ウィーケン?
Should I be with you every weekend?

そんな言い方はないんじゃない？

ハウ　クジュゥ　セイ　ザッ？
How could you say that?

また家？　たまには外出しない？

アッ　ヨァ　ハウス　アゲーン？　ワァイ　ドン　ウィ　ゴゥ　アウッ？
At your house again? Why don't we go out?

私はあなたの性欲の捌け口じゃないのよ！

アイムナッ　トゥール　トゥ　サティスファイ　ヨァ　セクシャル　ディザイア！
I'm not a tool to satisfy your sexual desire!

遊びに行くお金がないんだよ！

アイ　ハヴ　ノー　マニィ　トゥ　ゴゥアウッ　エン　プレイ！
I have no money to go out and play!

まさか浮気しているんじゃないんだろうね？

アーンチュウ　チーティン　オン　ミィ？
Aren't you cheating on me?

160

付き合ったころはフレンチレストランに連れていってくれたんだけど、いまはファミレスばかりだよね。

You took me to french restaurants when we started going out. But nowadays we are eating only at chain restaurants, aren't we?

また？　先週も友だちと遊びに行かなかった？

Again? Didn't you go play with your friends last week as well?

女の付き合いも大変なの。

It's not easy for women to keep good relations with other women.

❤️ 5 付き合うようになったあと

浮気

長年付き合うと浮気したり浮気されたりすることもあります。ここで紹介するものは、できればしたくもされたくもない表現ばかりなので、使わずに済むことを祈ります。しかし、いざそのときになったら、ここのフレーズを見てください。

浮気したり、されたりしたときのフレーズ

部屋に歯ブラシがあったよ。あれ何？

アイ ソー アナンファミリア トゥースブラッシュ インヨァ
I saw an unfamiliar toothbrush in your
ルーム ワッザッ？
room. What's that?

部屋に長い髪の毛が落ちていたよ。

アイ ファウンド アローングヘア インヨァ ルーム
I found a long hair in your room.

うちの母親が来ていたんだ。

マイ マザー ケイム
My mother came.

最近、スマホを手放さないよね。

ユゥヴ ビィーン オーウェイズ ホーディン ヨァ
You've been always holding your
スマートフォン リィスントリィ ハヴンチュゥ？
smartphone recently, haven't you?

162

スマホにロックをかけているよね。

Your smartphone has been locked.

何かやましいことがあるんじゃない？

Don't you have something to hide?

やましいことがないなら、見せて。

If you have nothing to hide, show your smartphone.

親しい仲にもプライベートの部分は必要じゃない。

I think you'd better allow even a very close person to do something private.

スマホを見せられないのなら別れる。

Unless you show me your smartphone, I will walk away.

上等だ！

Do it!

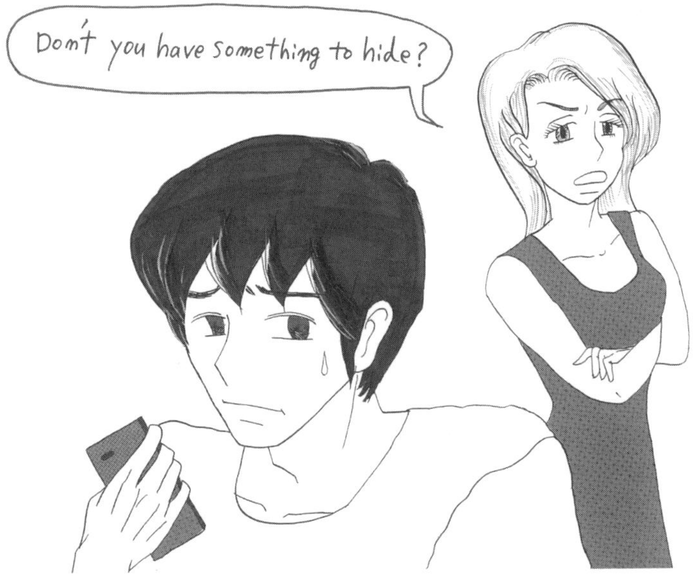
Don't you have something to hide?

第8章 別れ

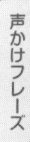

キッパリ！　それともズルズル…

男女の別れは、もめてこじれることもあるので慎重に切り出したいものです。特に、一晩限りの関係だと別れを切り出さないといけないので、ここで紹介するフレーズが必要になってきます。

♥別れたいとき
♥引き止めたいとき

❶ 別れ
別れたいとき

幸か不幸か、せっかく出会っても「別れ」という結末もくるときはくるもの。ソフトに別れを切り出すフレーズから、強硬に別れを切り出すフレーズまでをそろえています。

別れたいときに使えるフレーズ

あなたとはもう会いたくない。

アイドン　　ワナ　　　シー　　ユゥ　　エニモァ
I don't wanna see you anymore.

あなたにはうんざり。

アイム　シック　エン　タイアード　オヴ　ユゥ
I'm sick and tired of you.

あなたのことが嫌いになったわけじゃない。でも別れたい。

アイムナッ　　セイン　　アイ　ノゥ　ロンガー　　ラヴ　　ユゥ
I'm not saying I no longer love you.
スティル　アイ　ワナ　　ブレイカップ　　ウィズユゥ
Still, I wanna break up with you.

あなたのことが許せない！

アイ　ウィル　ネヴァ　フォーギヴ　ユゥ！
I will never forgive you!

距離を置きたい。

I wanna stay away from you.

二人の関係を冷静に考えたいから時間が欲しい。

I need time to think calmly about our relationship.

あなたが悪いわけじゃない。別に好きな人ができたんだ。

You aren't wrong. I fell in love with someone else.

もう終わったんだ。

We were over.

結局、縁がなかったんだ。

We aren't soul mates, anyway.

一緒にいると辛いんだ。

It's painful to be with you.

別れたいわけを言っても、傷つくだけだから…。別れたい。
Even if I told you why I want to walk away, you would only get hurt. I want a breakup.

その性格は一生なおらない。別れるしかない。
You aren't gonna change forever. There is no way but to walk away.

家から出ていって！
Get out of my house!

二度と私の前に来ないで！
Never show up on my doorstep!

これ以上、何を話すんだ？　別れることは変わらない。
Do we have anything to discuss further? The breakup decision will never change.

浮気をしたのに別れたくないって、おかしくない？
You've cheated on me but say you don't want me to go away. Isn't it funny?

前ももう二度と浮気しないって言ってたよね？

You've vowed not to cheat anymore, have you?

束縛されすぎて疲れちゃった。

I'm tired of being tied down too much.

あなたが浮気するたびに傷ついていたの。もう無理。

I got hurt whenever you had an affair with someone else. I can't stand it any longer.

あなたの言うことウソばかりじゃない。

Everything you tell me is a lie.

私とはただの遊びだったんでしょ？

You made love with me just for fun, didn't you?

友だちに戻らない？

Why don't we become mere friends again?

❷ 別れ
引き止めたいとき

一度「別れない」と決めると、一貫性の法則で、ずるずると関係が続くものです。相手が女性の場合は、まずは気持ちを受け止めることからはじめましょう。

引き止めたいときに使えるフレーズ

どうしてそういうことを言うの？

ハウ　カム　ユゥ　セッソゥ？
How come you said so?

急すぎると思わない？　話し合いたい。

ドンチュゥ　スィンク　ユー　アー　トゥー　ヘイスト？
Don't you think you are too haste?
アイ　ワナ　トーク
I wanna talk.

別れたくない。

アイ　ドン　ウァンタ　ブレイカップ
I don't want a breakup.

離れられない。

アイ　キャント　ステイ　アウェイ　フラム　ユゥ
I can't stay away from you.

お願い。考えなおして！

Think twice, please!

私たちはもう終わったの？

Are we over now?

悪いところをすべてなおすから、もう一度やりなおしたい。

I will fix all my attitude because I want to start over.

いままで築き上げたものをなくしたくない。

I don't want to give up the relationship we have built to date.

別れたい気持ちはわかった。でも、最後にチャンスを欲しい。

I really know how much you are eager to walk away. But I wanna ask you to give me a chance.

あと１か月だけでいい。時間が欲しい。

One more month would be fine. Give me the time.

あなたがいないとダメなんだ！

I'm nothing without you!

あなたじゃないとダメなんだ。

Nothing but you.

あなたがいない生活は考えられない！

I can't imagine life without you!

これからもずっと一緒じゃなかったのか？

Aren't we going to be together for good?

二度と浮気はしませんから許してください！

Please forgive me. I'll never cheat on you again.

気の迷いだったんだ。本当に愛しているのはあなただ！

I did it on the impulse of a moment.

You're the one who I truly love.

お願い。許して。

Forgive me, please.

私が悪かった。

It's my fault.

浮気をして後悔している。

I hate myself for cheating on you.

もうウソはつかないから！

I'll never tell you a lie!

もう友だちには戻れないよ。

We can't be friends again.

あなたのことしか考えられない！

アイ　キャーンスタップ　　　スィンキン　　　アバウチュゥ！
I can't stop thinking about you!

I don't want a break up.

I'm sick and tired of you.

第9章
同棲、結婚

2人の大事な未来へのステップアップ

　付き合いが深まると、同棲することになったり、結婚することになったりします。そうなったときに使える、妊娠やプロポーズなどの重大な告白のフレーズをまとめました。

♥同棲するとき
♥重大な告白
♥プロポーズの言葉

① 同棲、結婚
同棲するとき

2人の関係が深まれば、当然いつも一緒にいたくなるもの。結婚のための予行演習、時間やお金の節約など、さまざまな同棲の目的に対応したフレーズを紹介します。

同棲を提案するときのフレーズ

真っ暗な家に帰るのがつらい。

アイ フィール ディプレッスト ウェナイ スィンカバウッ
I feel depressed when I think about
ゴウイン バットゥ ザ ダーク ルーム
going back to the dark room.

独りだと、部屋が広くてさびしいんだよね。

マイ ルーム イズ トゥー ビッグ フォー ワン パースン
My room is too big for one person,
メイキンミィ フィール ロンリィ
making me feel lonely.

お互いの家を往復するのは大変なんだよね。

アイ スィンク イッツ タフ フォー アス トゥ トラヴェル バッカンフォース
I think its tough for us to travel back
ビトゥイーン アワ ハウズィズ
and forth between our houses.

うちに来ない?

ワイ ドンチュゥ カム トゥ マイ ハウス?
Why don't you come to my house?

うちに住まない？

Why don't you live in my house?

荷物を置いてもいい？

Can I leave my stuff here?

どこか部屋を借りて一緒に暮らさない？

Why don't we rent an apartment to live together?

一緒に暮らすと何かと安く済むよ。

If we live together, we can cut our living expenses.

同棲するとずっと一緒にいられるね。

If shack up, we can be together all the time.

家賃を半分ずつにすれば、いい部屋に暮らせるんじゃない？

Don't you think we can live in a nice apartment if we split its rent.

❷ 同棲、結婚

重大な告白

付き合っていると、妊娠など重大な告白をしなければいけない状況に直面するケースがあります。そのときに使えるフレーズです。

大事な話をするときのフレーズ

話したいことがあるんだ。

アイ ニードゥトーク
I need to talk.

妊娠しちゃったみたい。

アイ スィンク アイム プレグナン
I think I'm pregnant.

本当に？ 信じられない。

アーユゥ ショァ？ アイ キャント ビリーヴィッ
Are you sure? I can't believe it.

逆算すると、あの日にできたみたい。

ア バッカルキュレイション ショゥズ アイ コンシーヴダ
A back calculation shows I conceived a
ベイビィ ザッディ
baby that day.

それを聞けて、嬉しい。

アイム ハピィ トゥ ヒア ディス
I'm happy to hear this.

何をすればいい？

ウァッ シュッダイ ドゥ？
What should I do?

責任取れない。おろして。

アイ キャント テイク リスポンサビリティ プリーズ ハヴ
I can't take responsibility. Please have
アナボーション
an abortion.

ひどい。そういう気持ちだったんだ。

ユゥア リィェリィ スィンキン ソウ イッ メイクス ミィ
You're really thinking so. It makes me
フィール テレボー
feel terrible.

おろしたくない。

アイ ドン ウォントゥゴゥ フォー アナボーション
I don't want to go for an abortion.

本当に僕の子ども？

イズ ザ ベイビィ リィェリィ マイン？
Is the baby really mine?

同棲・結婚

179

うちの両親があなたと会いたいって。

マイ　　ペアレンツ　　　セッド　　　ゼイ　　　ワナ　　　　ミーチュゥ
My parents said they wanna meet you.

結婚しないとね。

ウィ　　シュッゲッ　　　メリィード
We should get married.

結婚資金ある？

ドゥ　　ユゥ　　ハヴ　　イナフ　　セイヴィングス　　フォー　メリッジ？
Do you have enough savings for marriage?

I think I'm pregnant.

Are you sure? I can't belive it.

③ 同棲、結婚
プロポーズの言葉

プロポーズで使えそうなフレーズを紹介します。

プロポーズで使えるフレーズ

親と会ってくれる？

ウッジュゥ　　　ミート　　マイ　　ペアレンツ？
Would you meet my parents?

結婚してください。

プリーズ　　　メリィ　　　ミィ
Please marry me.

結婚しよう。

レッツ　　ゲッ　　メリィード
Let's get married.

あなたの子どもを産みたいな。

アイ　ワナ　　　ハヴ　　　ヨァ　　　ベイビィ
I wanna have your baby.

僕の子どもを産んで。

Give birth to my baby.

そろそろ責任を取ろうと思って。結婚して。

I think it's time to take responsibility.
Marry me.

女性にはリミットがあるの。子どもを産みたい。結婚して。

There is an age limit for a woman to have a baby. Marry me.

著者：水瀬 翔＆国際恋愛クラブ

水瀬 翔（みなせ・しょう）
マーケティング、プロファイリング、心理学をベースにした独自の人脈術、会話術を構築。さまざまな出会いのイベントに参加したり自らのイベントを主催して、軽く2000名を超える人々と会話することで、人脈術、会話術を研ぎ澄ませる。その結果、華々しい人脈をつくりあげることができ、さまざまな異性を口説けるようになる。そのノウハウをウェブサイト、メール講座などで公開。ウェブサイトは人気を博し、「週刊ＳＰＡ！」「週刊プレイボーイ」などメディア取材多数。著書に『「なんでアイツが」なぜかモテる男の技術』（総合科学出版）、『アラフォーでも簡単にモテる会話術のすべて』（主婦の友社）などがある。

国際恋愛クラブ
国際恋愛や国際結婚の経験者をメインに集まる大人のサークル。外資系企業で働く社会人、留学経験豊富なフリーライター、外国人の妻と結婚生活を送る会社経営者など、幅広いメンバーが日本人のパートナーと暮らすネイティヴスピーカーを交えて情報交換などの活動を行っている。

【英文監修】
西島 遼（にしじま・りょう）
英文ライター／エディター
1958年、東京生まれ。米国でジャーナリズム修士号を取得後、某国内通信社に入社。以後、主に英文ニュースの執筆、編集に携わる。ニューヨーク特派員時代には米同時テロ事件に遭遇、ワールドトレードセンターの消滅を目撃する。

超実戦！ 恋愛英会話 リアル・フレーズ
2015年4月27日　第1版第1刷発行

著者	水瀬 翔＆国際恋愛クラブ
英文監修	西島 遼
本文イラスト	山内たま
制作・DTP	エマ・パブリッシング
カバー・デザイン	釈迦堂アキラ
印刷	株式会社文昇堂
製本	根本製本株式会社

発行人　西村貢一
発行所　株式会社 総合科学出版
　〒101-0052　東京都千代田区神田小川町3-2 栄光ビル
　TEL　03-3291-6805（代）
　URL：http://www.sogokagaku-pub.com/

本書の内容の一部あるいは全部を無断で複写・複製・転載することを禁じます。
落丁・乱丁の場合は、当社にてお取り替え致します。

© 2015 水瀬 翔＆国際恋愛クラブ　　Printed in Japan　ISBN978-4-88181-845-9

デキル 男と女の英会話
【ハンディー判】

国際恋愛経験者倶楽部／B6判／1300円（税抜）
ISBN978-4-88181-818-3

「今夜、一人になりたくない」と英語で伝えるには？
本書は、実際に国際結婚した経験者たちが使った、出会いから結婚や別れのシーンまでのフレーズ集。
相手はネイティブスピーカーとは限りません。けっして洗練された英語ではないが、実際に体当たりで恋愛をした男女だからこそ通じたフレーズばかりです。

「なんで、アイツが？」
なぜかモテる男の技術

水瀬 翔／B6判／1400円（税抜）
ISBN978-4-88181-835-0

30代、友人ゼロ、不安定な職種、デブ、赤面症、あがり症、多汗症と女性から嫌われる要素だらけ！
そんな著者がなぜモテるようになったのか？
どんなに不利な条件であっても、華々しい人脈を築き上げ、ガンガンに女性を口説けるようになった知恵と、ほんの少しの本気の行動を紹介。

もっと素敵な女になる
６つの習慣

和泉桜香／B6判／1300円（税抜）
ISBN978-4-88181-838-1

「美人でもないのに、なぜあの人は男性にウケるの？」
あなたの周りにもそんな女性はいませんか。
実は彼女たちの多くが身につけているのは"ちょっとS"なキャラクター。そんなキャラクターが身につくかんたんな実線を習慣化して、さあ今日からあなたもイキイキと強くキラメく女性になりましょう。